AI-DRIVEN

人を活かしてDXを加速する

AIドリブン経営

MANAGEMENT

Kaizen Platform代表取締役
須藤憲司

日本経済新聞出版

JN021613

この QR コードを読み込んで

生成AIの世界を

体感しながら本書を読み進めてください。

https://00m.in/ZksGU

プロローグ
適応か？　死か？　生成AIが拓く未来

1日に100以上も生まれる新プロダクト

24時間365日休まずに、文句も言わずに働く優秀なアシスタントがいたら……。

欲しいものがなんでも出てくる「四次元ポケット」を手に入れたら……。

あなたはそれを夢物語だと思うでしょうか？

そんな都合のいいものが手に入るわけないだろうと、疑ってかかるでしょうか？


実は、その「夢みたいに都合のいいもの」が登場しました。

ChatGPT（チャットGPT）、Midjourney（ミッドジャーニー）、RVC、Adept（アデプト）……。これらは「生成AI（Generative AI）」と呼ばれ、今やこの「生成AI」を組み込んだ新しいプロダクトが世界中で1日に100以上も生まれています。

生成AIとは、**人工知能の一種であり、深層学習（ディープラーニング）や機械学習（マシンラーニング）の技術を用いて新しいデータやコンテンツを自動的に作ることがで**

きるシステムです。与えられた入力情報から予測や創造的な生成を行い、文章、画像、音声などの多様な形式のデータを作成することができます。

代表的な例としては、OpenAI（オープンＡＩ）が開発したＧＰＴ（Generative Pre-trained Transformer）モデルがあります。ＧＰＴは大量のテキストデータを学習し、その文脈から文章を生成します。

２０２２年11月にチャットＧＰＴが発表されると、多くのユーザーがその性能に衝撃を受けました。私も製品発表の２日後に米国の友人から「すぐに触った方がいい」と連絡をもらい、これまで自分がイメージしてきたＡＩとは全く次元の違う性能に驚きました。

それから毎日のようにチャットＧＰＴを触りました。何ができて、何ができないのか？不得意なことは何か？とにかく、自分自身で体感してみることから始めたのです。

そうして、触っている中で確信したことがあります。それは、**このイノベーションはこれまで私自身が経験してきたさまざまなイノベーション、例えばインターネットや検索エンジン、スマホ、ＳＮＳ（ソーシャルネットワーキングサービス）などを遥かに超えるインパクトをもたらすだろう**ということでした。

このイノベーションによって市場の競争ルールは大きく書き替えられ、それに伴い生成ＡＩは、事業のあり方、組織のあり方、そして人々の生き方までも含め、社会全体に大きなインパクトを与えていくだろうということを１人の経営者として感じています。

日本でも2023年に入ってから大きな話題になり、多くのメディアがその驚異的な能力や応用の可能性について報道し、技術関係者の間でも議論が巻き起こりました。これにより一般の人々もこの話題について知る機会が増えました。

また、国内企業も次々と生成AIを活用したサービスを展開しています。

例えば旅行予約サイト「じゃらん」がAIチャット（https://www.jalan.net/chat/）でのコンシェルジュサービスを始めたり、アル株式会社が集英社の「少年ジャンプ＋」編集部と共同でComic Copilot（https://lp.comic-copilot.ai/）という漫画づくりを手伝うサービスを始めたりしています。

生成AIは仕事の格差を広げる

このようにすい星のごとく現れた生成AIは一部の専門家だけでなく、誰もが扱えるものとなりました。言うなれば**「AIの民主化」が始まっているのです。**

しかし、話題とはいえ、どれだけの人が真剣に仕事で使い倒しているでしょうか？どれだけの企業が真剣に業務プロセスに取り込み始めているでしょうか？

実は、日本企業における生成AIの**利用率はまだ10％程度というデータがあります**（**図表0参照**）。**経営者の立場としては、この状況に危機感を抱かざるを得ません。**

図表0　日本企業における生成AIの利用実態

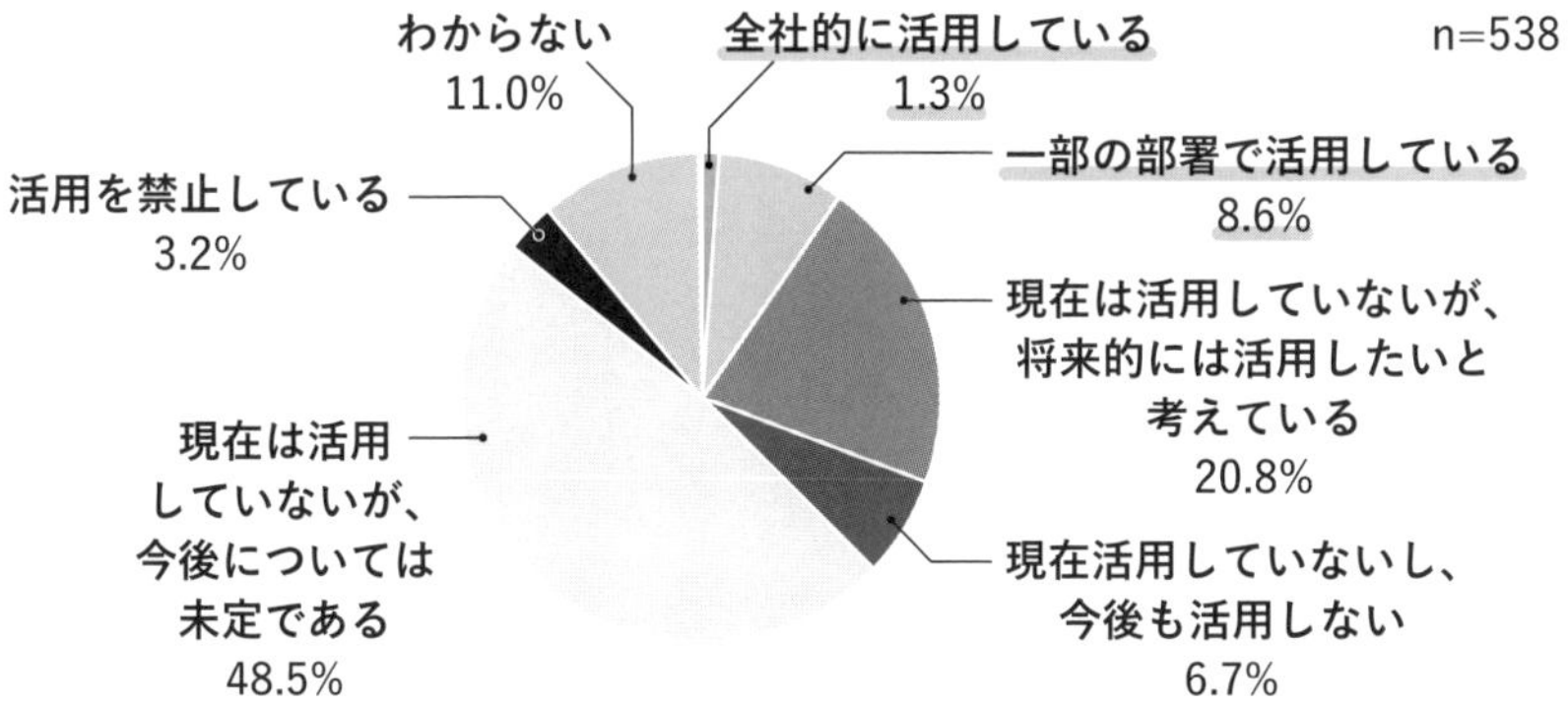

出所：矢野経済研究所「国内生成AIの利用実態に関する法人アンケート調査」（2023年12月）

あくまでも、ひと足先に使い倒してみた私の印象ではありますが、生成ＡＩはおそらく、**仕事の生産性の格差を広げていくでしょう。**仕事のできる人はさらにできるようになり、業務の多くがＡＩでカバーできるようになり、ホワイトカラーの仕事は今の10分の１以下で済むようになる可能性も否定できません。

現在、日本では、労働力人口約6700万人のうち、約3500万人がホワイトカラーに従事していますので、生成ＡＩの活用で約3000万人くらいの仕事を代替できる可能性があるというわけです。

これから少子化でさらに生産年齢人口が減っていく日本においてはものすごく大きなインパクトがある話と言えます。

一方、その過程で、**人的資本経営の価値が暴落する可能性もあります。**

実際に、先日、投資家と「生成ＡＩに関してどんなプレイヤーに投資したいか？」と話してみたところ、次の3つを挙げていました。

例 **1 ユーザー数を抱えている会社**
マイクロソフト、グーグル、アップル、アドビ

例 **2 生成AIビジネスの基盤を提供している会社**
NVIDIA（エヌビディア）、オープンAI

例 **3 社長1人もしくはごく少数で経営される会社**
無人コールセンター、無人ペイロール、ゲームや映画などの制作プロダクション

注目すべきは3番目の「社長1人もしくはごく少数で経営される会社」です。オープンAIのサム・アルトマンCEOも「1人で10億ドル規模の会社を築くことができるようになるだろう」と話しています。

想像してみてください。何千人、何万人も電話応対する人を雇っているコールセンターと、すべてAIに電話応対を任せているコールセンター。後者の方は人件費がかかっていないので、料金が安い。受電率100%も夢じゃない。そのうえで顧客対応のクオリティ

が同じであれば、安い方に発注しますよね。同様に1人、あるいは少数のチームで、大作ゲームや映画を制作することも可能になってきています。

投資家としても、利益率が高く、規模の経済が利きやすい「1人会社」に投資したいと考えるでしょう。しかも、1人会社は人件費がかかりませんし、設備投資など大きな投資を必要としなければ、投資家は出資すら断られるケースもあり得ます。

つまり、**人的資本の重要性が相対的に下がると同時に、金融資本の価値も相対的に下がるのです。逆に価値が高まるのは、知的資本**です。

投資すべき価値は「プロディジー」

人的資本が重視される世界では、個々の業務はなるべく個人に依存しないよう仕組み化され、属人的にならないよう組織全体で協力、連携することで、成果が生み出されます。だからこそ、人材を大量に採用して育成する必要があり、企業は求職者へのアピールポイントとして「育児休暇取得率」「D E & I（ダイバーシティエクイティ&インクルージョン）」「リスキリング」といった働きやすい環境づくりに注力していくことで優秀な人材を集めようと努めます。人材こそが成長のカギを握っており、投資すべきファクターなので、金融資本も当然そこに集中します。

一方、知的資本が重要な世界では、天才的な発想やユニークな考え方ができる少数あるいはたった1人の人間がＡＩをフル活用することで、成果が生み出されます。人的資本はおろか、金融資本もそこまで多く必要としません。**つまり、ＡＩの民主化後は、プロディジー（天才性）こそが投資すべき価値になる可能性があるのです。**

米半導体大手エヌビディアのジェン・スン・ファン最高経営責任者（ＣＥＯ）は、「エヌビディアのビジョンは、次のアインシュタインやダ・ヴィンチのライフワークを成し遂げるための支えになること」と述べています。**このスピーチを聞くと、彼は圧倒的に優れた個人の時代を予見しているように思えてきます。**

現在、日本で自民党の岸田政権が推進している成長と分配の好循環を軸とした「新しい資本主義」とは全く異なる形態の経済社会が現れる可能性もあります。ＡＩをフル活用することによって、雇用の数を抑えながら大きな収益を上げることも可能になってくるとすれば、利益がごく少数の人たちだけにしか渡らない、ということも十分にあり得ます。**格差が拡大することも視野に入れておく必要があるでしょう。**

生成ＡＩの登場とともに、世界中で同時に全く新しい次元に突入しました。経営者も同時に、この市場環境にどう適応し、どう舵を切るべきなのか。そのことが経営のトップアジェンダになったと言っても過言ではありません。

本書を通して、**経営者の目線で生成ＡＩが巻き起こす市場の大変化とその対応策につい**

て考えていきましょう。

本書は、全5章で構成されています。

第1章では、生成ＡＩとは何で、市場のルールをどのように変えていくか、について掘り下げていきます。第2章では、その市場のルール変化に合わせて、どのように事業を変革していくか、についての本質的な考え方について述べていきます。

第3章では、市場の変化とそれに対応した事業変革に合わせ、どのような組織に変革していくべきかの論点を提示します。第4章では、ＡＩに使われない組織にするために考えるべきことや雇用形態を具体的に解説します。第5章では、市場、事業、組織とそれぞれに合わせて戦略を考えた際に、最後に人をどう動機付けして動かしていくべきかをまとめていきます。

戦略と実行の両輪が回ることで、あなたの会社が生成ＡＩを前提にした「ＡＩドリブン経営」を実現する一助になれば幸いです。

２０２４年４月

須藤　憲司

目次

第2章 AIが塗り替える市場のルール

第3章 生き残るための事業変革

第4章 AIドリブンな組織への道

第5章 人と社会はどう変容していくのか

文中敬称略。
企業・団体および製品・サービスの呼称は
2024年3月時点のものです。

第1章

After AI
―「人間を超えた後」を現実的に考える

今、世界で何が起きているのか

AIの民主化時代がやってきた

2017年5月、「AlphaGo（アルファ碁）が人間に勝利」というニュースを覚えている方も多いでしょう。この出来事は後に、「AI元年」と呼ばれるようになり、人工知能（AI）の分野において重要なマイルストーンとなりました。アルファ碁は、DeepMind（ディープマインド）という研究機関によって開発された囲碁プログラムであり、2016年3月に、世界的な囲碁チャンピオンである李世《イセ》ドル九段との間で5戦にわたる対局が行われました。

囲碁はその複雑性と戦略性から、人間の知性や直感に頼るゲームとされており、人間の囲碁プロ棋士に対してプログラムが勝利することは非常に難しいと考えられてきました。しかし、アルファ碁は深層学習技術を応用したニューラルネットワークを使用し、囲碁の対局データを大量に学習することで戦略を習得しました。アルファ碁は独自の手法を用いてプレイし、李九段とのマッチで4勝1敗の成績を収めたのです。この結果、**アルファ**

碁が囲碁の世界チャンピオン、つまり人間に対して勝利したことが明らかになりました。
この出来事は、ＡＩの進歩と可能性を示すものとして大きな注目を浴び、ＡＩの研究開発や応用への関心を高めました。アルファ碁の勝利は、人間の知性や直感に頼るゲームでも、十分なデータと学習能力を持つＡＩが優れた戦略を編み出し、人間を超えることができることを示したのです。

これ以降、他のボードゲームや競技においてもＡＩが人間に対して勝利する場面が増えており、ＡＩの進化が続いています。また、アルファ碁の成功は、ＡＩの応用範囲が広がり、医療診断や自動運転などの分野にも活用される可能性を示すものでもありました。

それから約5年が経ち、２０２２年11月に「チャットＧＰＴ」が登場します。相前後して、ＡＩは「文章を認識する／書く」「画像・映像を認識する／生成する」「発話する／声を変える」「判断／評価する」など次々と人間のような能力を獲得し、それらの能力を組み合わせることで、毎日１００以上の新しいツールが登場し、後発で優れたサービスが次々に登場しています（次ページの図表１‐１）。

例えば、チャットＧＰＴは「文章を認識する／書く」「判断／評価する」などの能力を、文章を生成することにより実現しています。ミッドジャーニーは「文章を認識し」「画像を生成する」という能力を、リトリーバルベーストボイスチェンジャー（ＲＶＣ：

図表 1-1　**誰もがAIを使える時代に**

次々と人間の能力を獲得した新しいAIツールがほぼ毎日、100以上も登場。
専門家でなくとも、誰もが使える「AIの民主化」が始まった

目	文字認識／画像認識／映像認識	GPT-4V, Claude 3, Gemini
耳	音声認識	Notta, VoiceText
口	音声発話／発話に合わせて口を動かす	RVC, CoeFont
理解	要約する／場面の理解	Elicit, AssemblyAI
表情	感情認識／感情表現	Affdex, xpression camera
創造	絵を描く／映像を作る／UIを作る／アイデアを出す	Midjourney, Dall-E, Sora
知識	質問に回答する／プログラムコードにする	ChatGPT, GitHub Copilot
操作	UIを操作する	Adept, Multi·ON

出所：カイゼン・プラットフォーム

Retrieval-based Voice Changer）は「音声を認識し」「発話する」という能力を、それぞれ「画像」や「音声」を生成することで実現しています。

また、「音声を認識する」「発話する」「考え方を学ぶ」を組み合わせてＡＩでスティーブ・ジョブズを再現した、「スティーブ・ジョブズと電話できるアプリ」といったユニークなものも登場しています。

さらにこれらのＡＩとのインターフェースをチャットによる対話型にしたところも１つの大きな発明と言えます。これにより、誰もがＡＩと対話しながら使うことができますし、誰もが生成ＡＩを組み合わせることで新たなツールを作ることができます。**つまり、「ＡＩの民主化」が始まったのです。**

「ＡＩの民主化元年」とも言える２０２２年を境に、世界は大きく変わりました。**紀元前・紀元後**

と言ってもよいくらい、「AIの民主化」前・後の世界の景色は大きく異なるのです。

生成AIが3億人の仕事を奪う

生成AIはマクロ経済へ莫大なインパクトを及ぼすと予想されています。ゴールドマン・サックスが出したレポート（「Goldman Sachs Predicts 300 Million Jobs Will Be Lost Or Degraded By Artificial Intelligence」）によると、仕事の3分の2は、AIによる自動化の波にさらされ、4分の1が生成AIで置き換えられる可能性があるとされています（次ページの図表1－2）。

推定すると、約3億人の仕事が自動化されると予想されていますが、私自身は実際のところ、もっと多くの人に影響があるだろうと考えています。

では、具体的にAIがどういう観点で業務に役立つのでしょうか。

ポイントは5つあります。

1つ目は、「**情報検索の高速化**」です。チャットGPTなどの生成AIは、大量の情報を瞬時に検索し、関連する回答を提供できます。これにより、**情報を検索する時間が大幅に短縮され、業務効率が向上**します。

図表 1-2　**現在の職業の3分の2は、AIによって部分的に自動化される可能性がある**

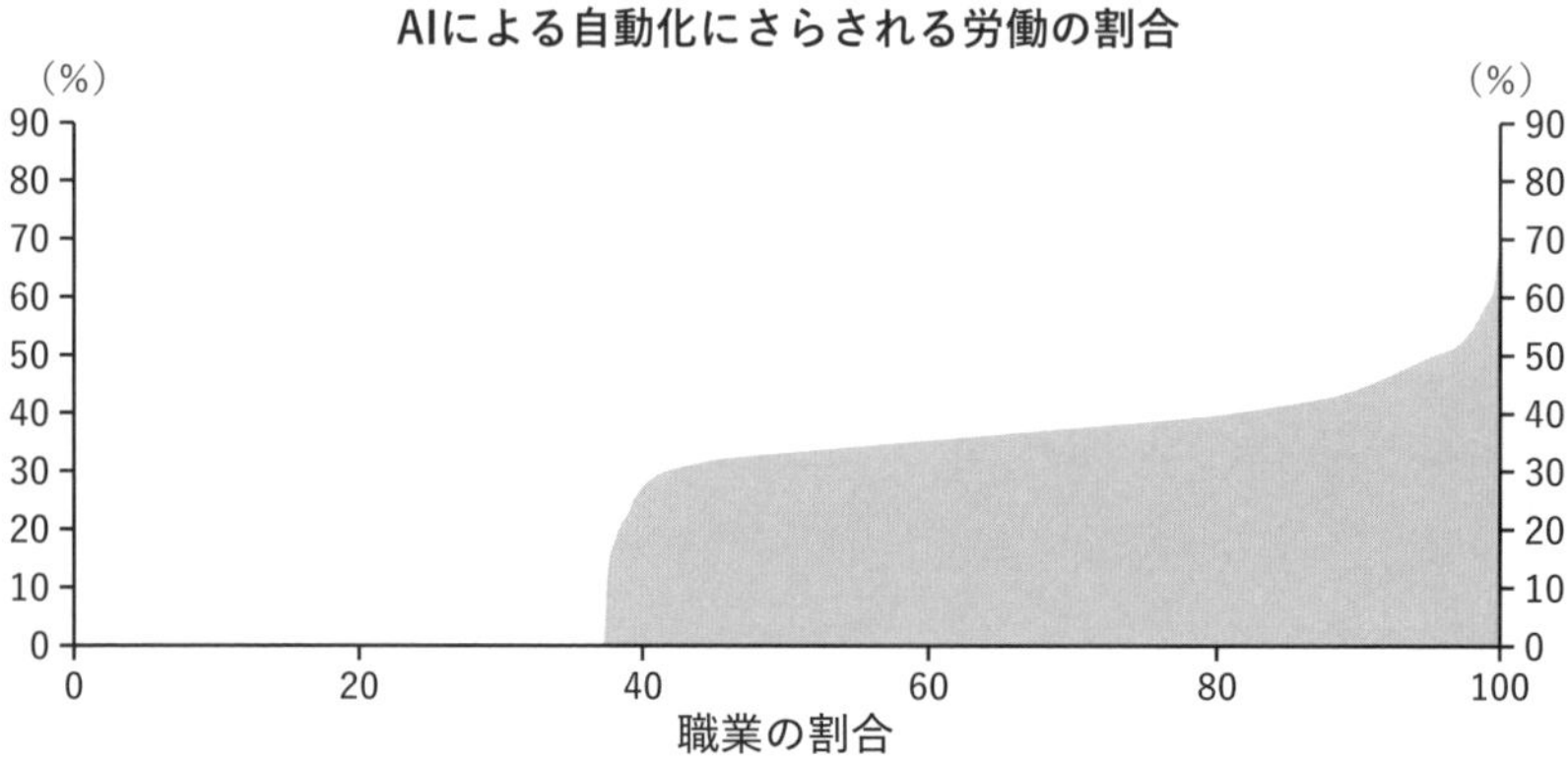

出所：ゴールドマン・サックス「グローバル・インベストメント・リサーチ」

2つ目は、「**自動化と効率化**」です。例えば、メールの作成、報告書の作成、カスタマーサポートなど繰り返しの多いタスクを自動的に処理し、効率的にこなすことができます。その結果、**より重要な戦略的な仕事に時間を割く**ことができます。

3つ目は、「**多言語対応**」です。生成ＡＩは、多数の言語を扱うことができるので、国際的なビジネスコミュニケーションが容易になり、**企業は新たな市場への参入障壁が低く**なります。

4つ目は、「**クリエイティブ**」です。チャットＧＰＴをはじめとする生成ＡＩは、大量のデータから新しいアイデアや提案を導き出すことができます。これにより、**イノベーションを促進し、競争力を高める**ことを支援します。

最後の5つ目は、「**個別化されたサービス**」です。生成ＡＩは、個々の顧客に合わせたパーソナライズ化されたコンテンツやサービスを提供することができます。

図表1-3　世界全体で18%の仕事がAIにより自動化される可能性があり、新興市場よりも先進市場の方がその効果は大きい

AIによるフルタイム雇用の自動化の割合

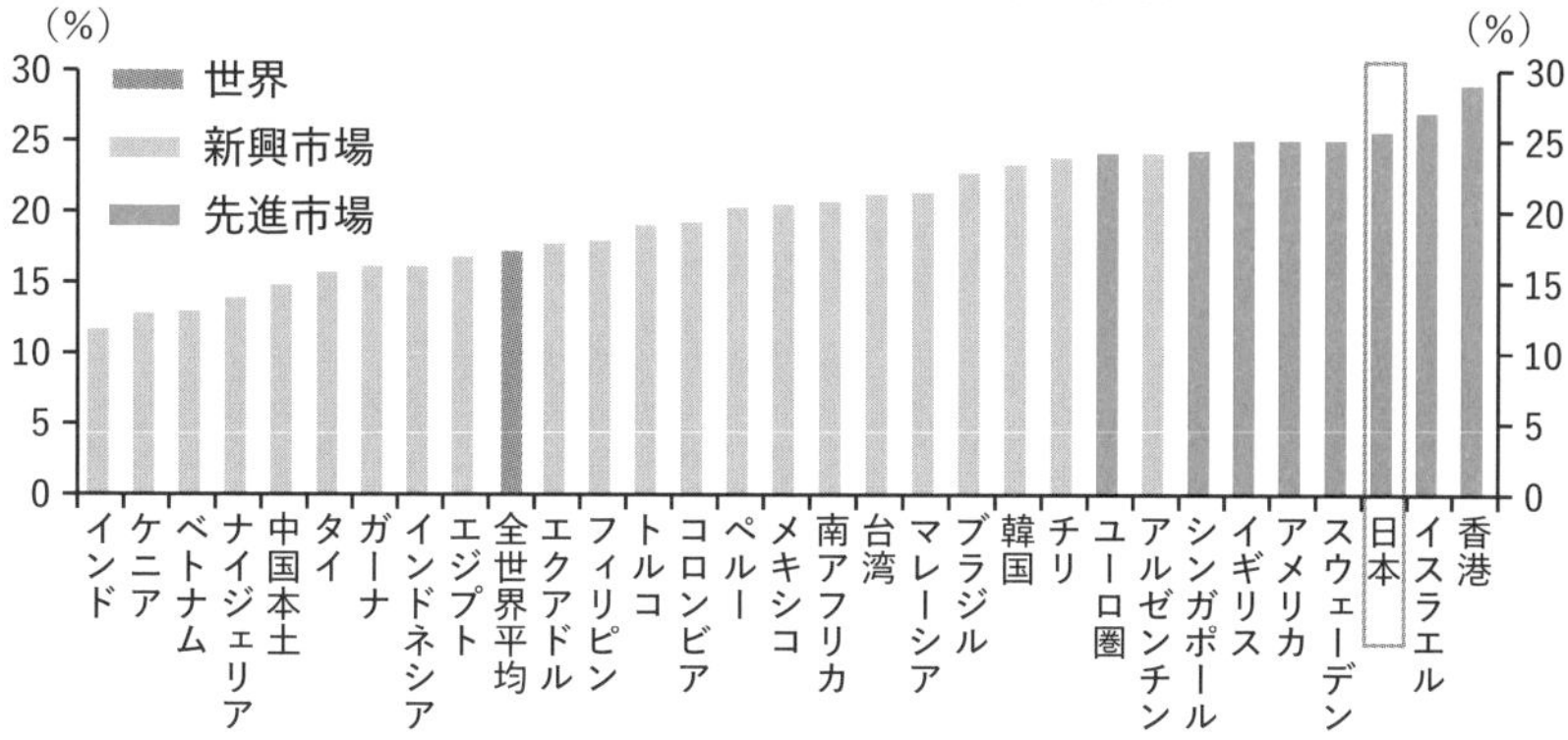

出所：ゴールドマン・サックス「グローバル・インベストメント・リサーチ」

そうすることで、**顧客満足度が向上し、ビジネス成長に寄与**します。

ゴールドマン・サックスのレポートには、ＡＩに自動化される雇用の国別割合についてもまとめられています。**全世界の平均、約18％に対し、日本は約25％と、かなりの影響を受ける可能性**が示されています（図表1-3）。

また、日本は10年間のＡＩ採用期間に年間約１・５％の生産性向上が見込まれています。全世界平均が約１・３％なので、日本における生産性向上の余地は大きいと言えます。

正直に言うと、私はもっと高くなるのではないかと思っています。お役所仕事を批判するつもりはありませんが、**日本では人手をかける事務的な仕事が多いため、この部分はＡＩによって大幅に改善される可能性があるでしょう。**

奪われる仕事は何か

実際は、**ほとんどの仕事はＡＩによる自動化の影響を「部分的にしか」受けません。**

ＡＩによって丸ごと代替されるケースより、ＡＩが仕事を補完してくれる方が大半です。ホワイトカラーの仕事が比較的影響を受けやすい傾向があり、一方でブルーカラーの仕事は影響を受けにくいとされています。

米国の場合は、63％の仕事がＡＩのサポートを受け（補完）、30％は全く変化がなく（無風）、約7％が完全に置き換えられる（代替）とされています。

この結果からは、「ただ指示されたことだけをやってるんじゃない！」と上司が部下に怒ってきたことの意味合いが変わり、**「ただ単に指示されたことだけをやる人」が本当に必要なくなる時代が来る**のだなと感じられます。

ホワイトカラーの業務のうち、「作業」や「提案」などの受動的業務はＡＩによって代替および補完が可能です。というのも、これらの業務が繰り返し行われる定型的なパターンに従っているからです。

一方で、**主体的に動かしていく必要のある「価値の定義や評価・交渉やコンサルティング・実行・洞察《インサイト》や発見」のような能動的業務は、ＡＩによる代替が難しい**傾向があります。これらの業務が人間の直感や感情、対人スキルを必要とするからです。

図表1-4 作業工程の多くをAIがカバーし始める

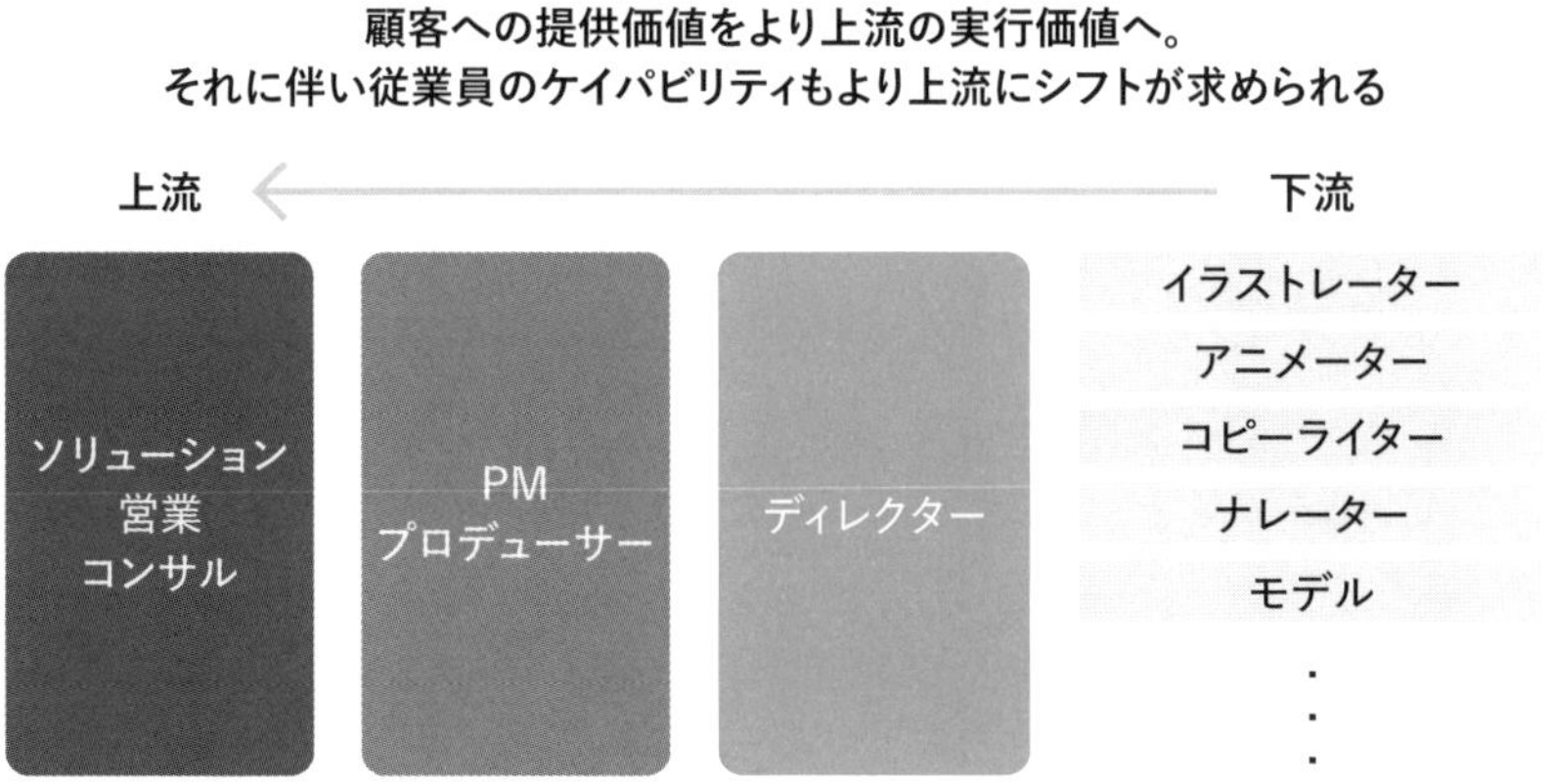

出所：カイゼン・プラットフォーム

従って、私たちは、**受動的な業務と能動的な業務を区別し、受動的業務にはＡＩを活用し、能動的業務に注力していく必要がある**のです。

図表1‐4は、広告制作の作業工程を分類したものです。

これからは作業工程の多くをＡＩがカバーし始めるため、顧客への提供価値をさらに上流の実行価値へシフトすることが求められます。それに伴い、**従業員のスキルもより能動的業務であるソリューション営業やコンサルなどの上流にシフトしていかないと、この先、競争力を維持し、成長を遂げることが難しくなるでしょう。**

この変化を働く従業員の観点からとらえ直してみるとＡＩに代替されてしまうリスクが高まっていくと言えます。

AIがもたらすDXの新たな可能性

DXは次のフェーズへ

DX（デジタルトランスフォーメーション）とは、「デジタルを活用して、圧倒的かつ優れた顧客体験を提供し、事業を成長させること」です。ここでの「成長」とは、「稼ぐ」「儲ける」と言い換えてもいいでしょう。

そもそもなぜDXが重要視されるようになったのでしょうか。

その背景の1つには、**法人内でのスマホやタブレットの普及とSaaS（Software as a Service の略で、インターネットを通じてソフトウェアを提供するサービスのこと）の浸透**があります。業務プロセスそのものもDX化しなければ、生産性を高められず、企業は生き残れません。

さらには、GAFA（アルファベット傘下のグーグル、アマゾンドットコム、フェイスブック、アップル）やBATH（百度〔バイドゥ〕、アリババ集団、騰訊控股〔テンセント〕、華為技術〔ファーウェイ〕）と呼ばれる巨大プラットフォーム企業の異業種への参入も挙げられます。そういった勢いのある企業群がデジタルを最大限活用し、自社や自分たちの産業に全く新しい競争原理を持ち込むことで、破壊《ディスラプト》されてしまうかもしれないという危機感も背景にありました。

これらに加え、**新型コロナウイルスの世界的蔓延も後押し**しました。対面で人と会うこともままならない中で、ＤＸはコロナ禍によって大きく推進せざるを得ない状況になりました。経営者は否が応でもリモートワークやビデオ会議といった働き方の変化や、非対面・非接触を前提とした事業継続を余儀なくされました。

デジタルをフル活用し、稼ぎ、顧客体験を変えることが求められるようになったのです。そして現在、コロナ禍を経て、ＤＸは次なるフェーズを迎えています。すなわち**「顧客体験＝ＵＸ（ユーザーエクスペリエンス）」と「業務プロセス＝ＤＸ」が直結する時代の到来です。**

ＡＩにより加速するＤＸ

「顧客体験＝ＵＸ」と「業務プロセス＝ＤＸ」が直結するとはどういうことでしょうか。オンライン販売を行う小売メーカーを例に、説明していきましょう。35ページの図表１-５を見ていただきたいのですが、オンライン販売の流れとして、①流入（商品検索）②獲得（申込／購買）③顧客情報管理（ＣＲＭ）④オフライン（コールセンター／営業／契約）となっています。①〜③が「顧客体験」、④が「業務プロセス」です。

まず、「顧客体験」を細かく見ていきましょう。例えばGalileo AI（ガリレオＡＩ）を使えば、申込・購買ページのＵＩ（ユーザーインターフェース）のモック（サンプル）をＡＩが制作してくれます。そのデザインは、そのままFigma（フィグマ）などで編集して使うことができます。

すでにアリババではＡＩでバナーを自動生成しています。商品の素材データ（画像、パターン、キーワード、色など）から毎秒８０００枚のバナーを生成できると言われており、２０１６年のいわゆる中国の「独身の日」（11月11日）にはなんと、１億７０００万枚ものバナーが作られました。１つのイメージを作成するのに人の手では20分かかるとすると、**これは１００人のデザイナーが作業して３００年間もかかってしまう量に相当**します。２０１７年には、大幅に増え、４億１０００万枚が作成されています。

最近では、Ｍｅｔａ（メタ、旧フェイスブック）やグーグルに制作機能が搭載されるようになりました。もはやプラットフォーマーがＡＩでクリエイティブ業務を担う時代になっているのです。このように、**生成ＡＩは、「顧客体験」に関わるコンテンツやＵＩを生成できます。さらにパーソナライズされたクリエイティブなコンテンツも生成可能です。**

図表1-5 「顧客体験＝UX」と「業務プロセス＝DX」が直結する時代

ChatGPT、GPT-4に代表される生成AIの登場により、
「顧客体験」と「業務プロセス」をAIが接続する時代が到来

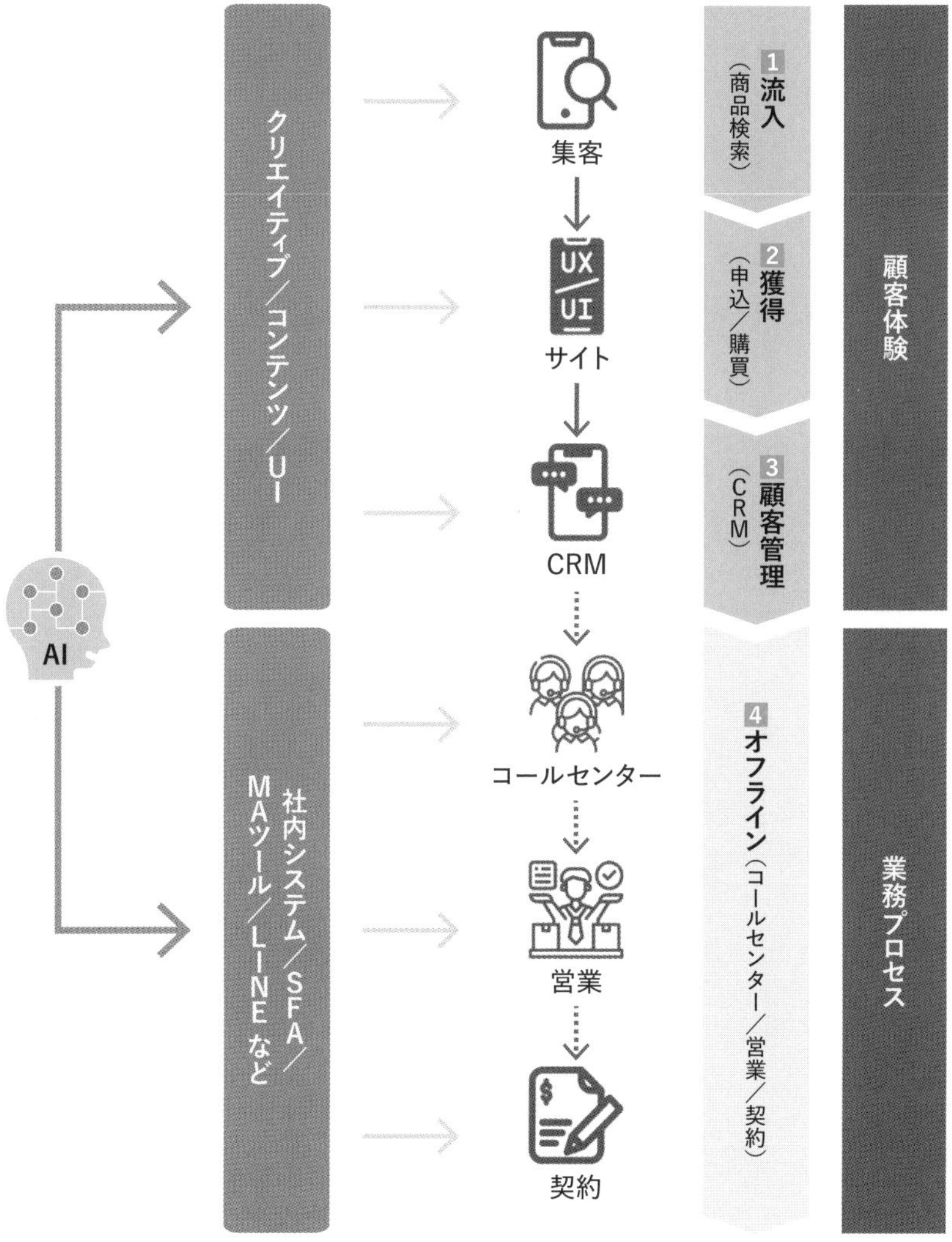

出所：カイゼン・プラットフォーム

ＵＩに関しては、ＡＩに指示すると人間の代わりにＵＩを操作してくれるAdept（アデプト）が460億円を調達するなど、人間がＵＩを触ることなくＡＩが操作してくれる時代が来る可能性もあります。

続いて、「業務プロセス」です。生成ＡＩは、全く異なるインターフェースを扱って操作することができます。すなわち、社内システムや営業システムのＳＦＡ（Sales Force Automation：セールスフォースオートメーション）、マーケティング業務の管理・自動化のＭＡ（Marketing Automation：マーケティングオートメーション）ツール、ＬＩＮＥのようなＳＮＳなど、さまざまなものと組み合わせ、業務をこなすことができるのです。

Ｐ／Ｌの構造はなぜ変化するのか

この数年、ＤＸという言葉がよく聞かれるようになりました。私も『90日で成果をだすＤＸ（デジタルトランスフォーメーション）入門』（日本経済新聞出版）を2020年に、その後『総務部ＤＸ課 岬ましろ』（同）を2021年に出版し、数多くの大企業のＤＸのお手伝いをしています。

私がＤＸに取り組んできた理由は、私自身がＤＸを経験してきたからです。新卒で入社したリクルートの収益構造は、2003年当時、売り上げの25％程度がインターネット経

図表1-6 DXによるP/L構造変革

DX投資への投資対効果が合うことで投資が加速し、DXが進展する
DXが進むと、P/L構造が大きくトランスフォームしていく

**デジタルや生成AIを前提とした真のトランスフォーメーションは
これから本格的に始まる**

アナログ

売上がアナログ経由、費用もアナログメイン

ex)

売上 マス広告 → 店舗 → 現金

費用 マーケ・人件費・地代家賃

デジタル化

費用のデジタルへの支出が増加し、少しずつデジタル経由の売上が増加

ex)

売上 SNS広告 → 店舗 → アプリ決済

費用 デジマ*⬆・IT開発・人件費・地代家賃

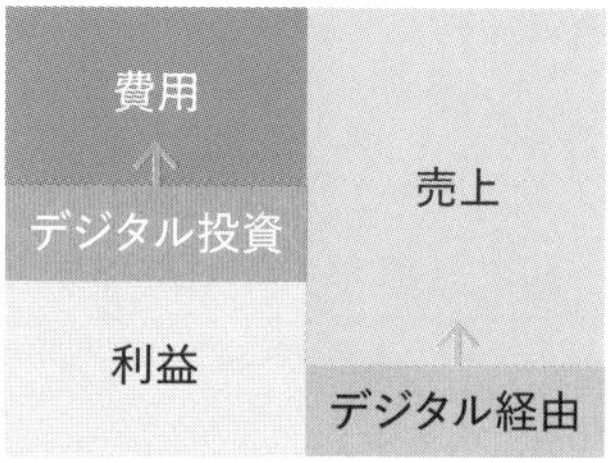

DX

デジタル経由の売上が過半を超え、デジタルを主戦場に移し、リアルを絞り込むフェーズ

ex)

売上 デジマ → オンラインサービス → オンライン決済

費用 デジマ⬆・IT開発⬆・人件費⬇・地代家賃⬇

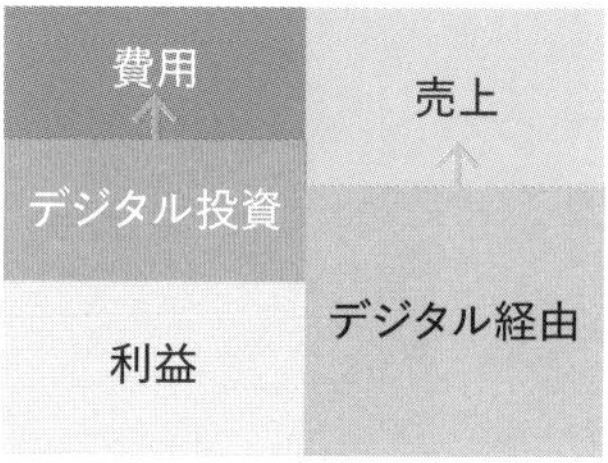

*デジタルマーケティング

出所:カイゼン・プラットフォーム

由で、残りの大半は、市販の雑誌とフリーペーパーが占めていました。それが、私が在籍していた10年間で主たる売り上げの構造が逆転し、大半がインターネット経由の売り上げにシフトしていったのです。まさにＤＸという言葉が使われる前からＤＸをやっていたのだと思います。

その過程で、さまざまな変化がありましたが、最も大きなものはＰ／Ｌ構造の変化だと考えています。**Ｐｒｏｆｉｔ（利益）の生まれる源泉がデジタル経由に移り、その過程でＬｏｓｓ（費用）の内訳を大きく占める原価の項目が、雑誌やフリーペーパーの製造原価や物流コストから、デジタルマーケティングの費用やサーバーコスト、システム開発の減価償却費などに変わっていきました。**

人件費の内訳も、これまでの営業中心から、ウェブマーケターやデータサイエンティストといったエンジニアの割合が増えていったのです。

つまり、ＤＸが本格的に進むことで、結果としてＰ／Ｌの構造が大きく変わっていくのです（前ページの図表１‐６）。

ＤＸと声高に叫んでいる中で、そこまで大きなＰ／Ｌの変化を起こせた日本企業がどれくらいあるのでしょうか？

私自身が、日本のＤＸは始まったばかりと訴える背景には、このリクルートで経験した

図表1-7 業種別の売上高に占める人件費率

業種名	売上高人件費率
卸売業	4.7～12.7%
小売業	8.4～25.3%
建設業	17.9～35.6%
製造業	22.2～36.3%
宿泊業・飲食サービス業	31.8～42.0%
サービス業	37.5～50.2%

出所：TKCグループ「要約版・速報版TKC経営指標（BAST）」を基に筆者作成

ようなＰ／Ｌの大きな構造変化がまだ起きていないと感じていることがあります。伝統的な大企業のＰ／Ｌ構造を変えていくには、当然、10年単位で時間がかかります。原価、費用の構造には、とりわけ人件費・ＩＴ関連費用・マーケティング費用・オフィスや工場などの地代家賃など、さまざまな費用項目がありますが、この費用項目の内訳や割合がＤＸの前と後で大きく変わるのです。

生成ＡＩがＤＸにとって大きな意味を持つ理由は、この費用項目で大きな割合を占める人件費が大きく変化するからです。そこには、給与や賞与だけでなく、社会保険料や退職金、福利厚生費なども含まれます。さらに、人を雇うための採用費・オフィス賃料や水道光熱費・交通費や交際接待費などの経費をすべてＩＴ費用にシフトすることで、全く異なる事業構造の企業への変革を可能にするのです。

参考までに業種別の売上高に占める人件費率は、図表１-７の通りです。

「人件費」の変化に注目せよ

売上高の10～50％を占める費用項目の構造が大きく変われば、ビジネスの見え方も相当違ってきます。もちろん、旅館やホテル、医療機関などでお客様をサポートするフロント部門をＡＩですぐに代替することは難しいかもしれません。

しかし、そうした業態であっても、経理部門や電話対応をするコールセンターやサポートスタッフ、法務や労務はどうでしょう？

部門全体を考えなくても、経費精算業務、給与計算と支払い業務、ＮＤＡ（守秘義務）などの契約業務……などと分解して考えることでＡＩの活用可能性が出てきます。**このようにマクロからミクロに考えていけばいくほど、これはコスト構造を大きく変えていく機会だ、確かに変えられそうだという感覚を得ていただけるのではないでしょうか？**

このような理由から、生成ＡＩはあらゆる業種において、費用構造を大きく変え、ＤＸを実現するイノベーションだと私は考えているのです。

実際に米国テキサス州のマクドナルド店舗の事例が、この変化を象徴しています。この店舗では、注文から商品受け取りまでが自動化され、店員との直接的な接触が必要ない方式を採用しています。顧客は事前に注文して、専用のレーン（通り道）で商品を受け取ります。ＡＩを利用して効率を上げるこの方法は、全く異なるＰ／Ｌ構造の店舗を創り出したと言えます。

人員を削減するというと、否定的に捉えられがちですが、実際には違います。生成ＡＩの導入によって、むしろ新しい職種やスキルが必要とされるようになるのです。より少ない人数で効果的に仕事をこなせるようになれば、超短期的には人員の削減に見えますが、マクロ経済の視点から見ると長期的には組織全体の生産性を高め、市場での競争力を強化します。

資産運用会社のヴァンガードが毎年、年末に出しているレポートの中で、「米国企業がＡＩの導入をリードした場合、米国の労働者の生産性の伸びは競合する労働力よりも上回り続ける可能性がある」と言及しています。単に既存産業の業務を効率化するだけでなく、新しいビジネスチャンスを生み出し、経済全体にプラスの影響を与える可能性を秘めているということです。

AIが代替できる仕事の見つけ方

人間を超えるスキルを持つ「弱いAI」

現在のＡＩは、「弱いＡＩ」と言われ（後述）、特定の人間の知覚や判断、学習の能力を模倣することで、**非常に高度なタスクを実行できるようになりました。**自然言語処理の分野では、ＡＩが膨大なテキストデータを解析し、情報を抽出したり、意図を理解したりすることが可能です。画像認識や映像解析においても、ＡＩは高い精度で物体やパターンを識別することができます。オープンＡＩが発表した「Ｓｏｒａ（ソラ）」は今まで、数秒の映像しか生成できなかった動画の領域で、最長1分の高品質な動画を生成し、世界を驚かせました。

こうした経緯からわかるように、すでにＡＩは単一のタスクや作業について人間を遥かに超える性能を持っています。囲碁で人類トップの棋士よりも強くなったというのに、経理の仕分けや契約書のレビューやコピーライティングや文章の校正などが人間と同じレベルで、できないと考える方が不思議ですよね。

実際には、**複雑な仕事も、さまざまなタスクの組み合わせによってこなしています。**

例えば、「メールでニーズのある見込み顧客にアポイントを取る」という作業について考えてみましょう。営業の経験がある方であれば一度は経験されている典型的な作業です。この作業を分解すると、次の7つのタスクになります。

- 見込み顧客となりうる業界を調べる
- その業界に属する企業をリストアップする
- そのリストアップした企業のコンタクト先を調べる
- 各企業の現状と想定される課題をＩＲ情報やネットニュースなどから調べる
- 調べた内容から自社が解決できる課題を整理し、メール文章に書き起こす
- メールをコンタクト先へ送信する
- 返信があった顧客とアポイントを調整する

分解して考えると、実際の１つひとつのタスクはＡＩでもできることがわかります。このように、ある仕事を１つひとつタスクに分解して、各タスクが得意なＡＩとやりとりして実行してくれる自律型ＡＩエージェントも登場しており、営業の典型的なルーティンワークを実現できるようになりつつあります。

新たな価値を創造しつつあるAI

つまり、1つひとつのタスクだけで言うならば、すでに人間が追いつけないような性能をAIが発揮できるようになっています。**さらに、「弱いAI」を組み合わせることにより、企業や組織はAIを活用してさまざまな業務を効率化し、新たな価値を創造する環境が整いつつあります。**

例えば、AIを活用したチャットボットを導入すれば、AIが顧客の問い合わせに対応し、迅速かつ正確な情報を提供してくれます。これは、AIが大量のデータを即座に処理し、必要な情報を選び出す能力を備えているからです。具体的には、AIは過去の顧客との対話データや関連する情報源を参照して、具体的な問い合わせに対する最適な回答を生成します。

AIは電源とネットワークに入ってさえいれば、**24時間365日働き続けることができ、人間が休息を必要とする時間帯でも顧客の問い合わせにリアルタイムで対応します。**

さらに、AIは機械学習を通じて常に進化し続けるため、経験とフィードバックのサイクルを繰り返せば、その対応能力も向上し続けます。これらの要素が組み合わさり、迅速かつ正確な情報を提供し続けることができるようになるのです。

そして、チャットGPT、GPT-4に代表される生成AIの登場により、**「顧客体験」**

と「業務プロセス」のDXをAIにある程度ゆだねることで、さらにDXが加速する時代が到来したのです。

生成AIは人間のような自然な文章を生成する能力も持っています。これにより、顧客とAIのコミュニケーションもより人間らしいものになり、顧客満足度を向上させることが可能になりました。加えて、生成AIは業務プロセスにも活用できます。

例えば、顧客体験の自動化の中で生じた顧客との対応履歴情報をビジネスレポートにしたり、SFAツールに起票したり、メールの自動回答などにも使用することができます。これにより、従業員は定型的な事務作業の繰り返しから解放され、より高度な業務に集中することが可能になります。

これが、生成AIの登場によりDXがさらに加速するという理由の根拠なのです。

「AIリテラシー」が事業変革の要となる

このようにAIとDXは互いに補完し合い、ビジネス変革の重要な要素となってきています。そのため、私たちは今までのDX戦略を早急にアップデートする必要があります。

私たちの会社でも、デジタル領域における顧客体験をより良くするために、さまざまなサービスを展開しています。例えば、ウェブサイト上での顧客体験の向上を図る目的から、

図表1-8　**求められるスキルセットの変化**

変化の時代にAIリテラシーが必須の武器に

これまでのDX人材要件の中でも、AIで何ができるのか？何がリスクなのか？を正しく判断できるAIリテラシーを高める必要が出ており、DXを加速するうえで最重要スキルとなる

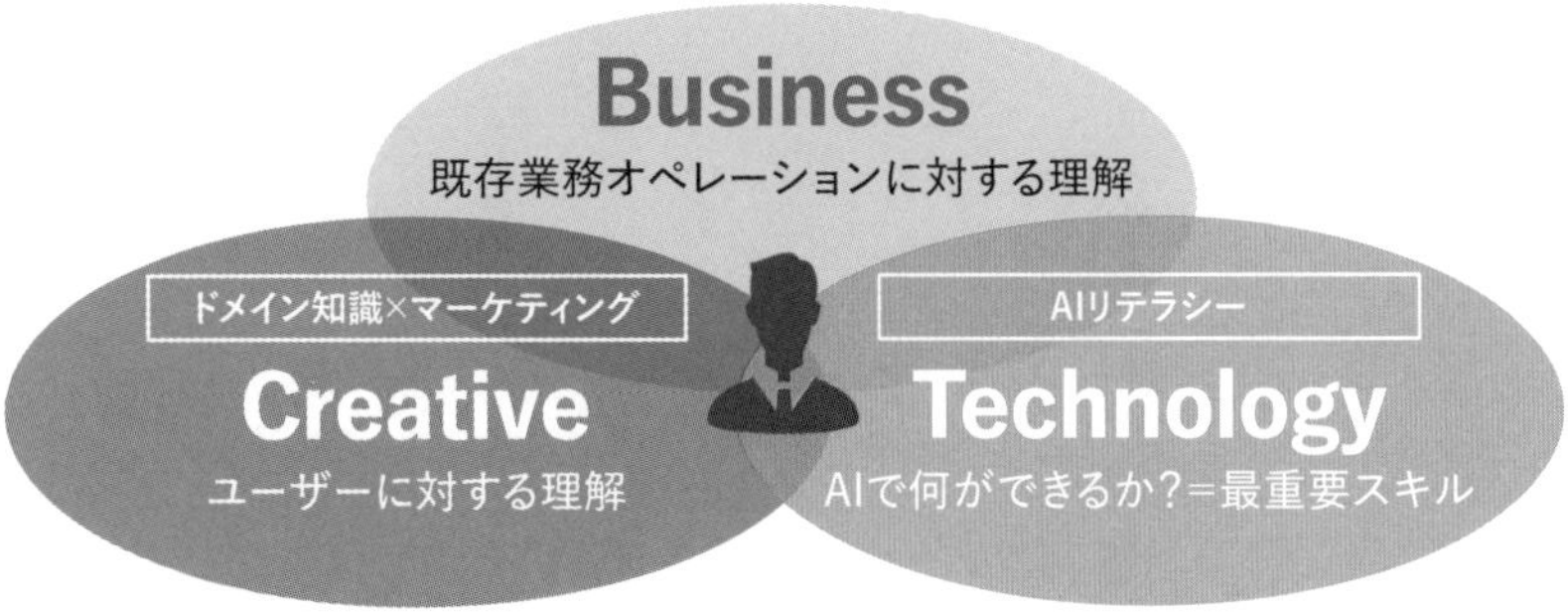

出所：カイゼン・プラットフォーム

ＧＰＴ－４をはじめとしたさまざまなＡＰＩを利用し始めています。

これにより、より迅速な情報提供が可能になります。さらに、業務プロセスにおいても、ＡＩが核となるシステムを結びつけ、それらの操作を自動化することで、業務の効率化を実現しています。

このような変化に対応し、ＤＸを加速するために重要なのは、従業員１人ひとりのＡＩリテラシーです。**ＡＩで何ができて、何がリスクなのかを正しく判断できる能力を、経営者と組織のメンバーが身につけなければなりません。**

これまで、ＤＸ人材に求められるスキルセットは、「ビジネス（既存オペレーションに対する理解）」「クリエイティブ（ユーザーに対する理解）」「テクノロジー（技術で何かできるか）」の３つでした。

3つ目の「テクノロジー」こそがまさにAIリテラシーと呼ばれるもので、DXを加速し、ビジネス変革を行ううえでの最重要スキルとなります。

まずは経営者自身が、組織全体でＡＩをどのように経営に活用していくかを考えることができる「ＡＩ活用経営人材」へとトランスフォーメーションする必要があるのです。

まさにチャットＧＰＴの登場に合わせた「よーい、どん」の号砲で、世界中で幕が開いたのは**新しい生成AI時代の競争ルールに適応していくために全経営者が進化を模索する競争**、と言っても過言ではないでしょう。

AIが人間を超えることが見えた日

「2045年問題」とどう向き合うか

冒頭にも書きましたが、２０２２年11月30日、「チャットＧＰＴ‐３・５プロトタイプ」が一般公開されてから、本格的な生成ＡＩブームが到来しました。

私も先述の通り、その翌日から、自分で使い、衝撃を受けました。相当高い精度で回答を返してくれるため、あっという間に夢中になり、それから1カ月くらい毎日3時間以上自分で触れてみました。

質問の仕方を変えれば回答の精度が上がること、アイデアのブレストなどもできること、文章を綺麗に清書したり、メールの返信をわかりやすくしてもらったり、自分自身の仕事において、かなりの範囲で使えることが確認できました。一方で、使い方や質問の文章の質を高めなければ、まだまだ望んだ品質の回答が得られないこともわかってきました。

ただ、これらの問題は時間が解決するだろうということも理解しています。そうして2022年の年末時点に私が出した結論は、**かなり近い将来に人間を遥かに超える性能を持つAIが登場する日が来るであろうということ**でした。

これまでもシンギュラリティー（技術的特異点）という言葉がありました。シンギュラリティーとは、自律的な人工知能が自己フィードバックによる改良を繰り返すことによって、人間を上回る知性が誕生するという仮説です。人工知能研究の世界的権威であるレイ・カーツワイルが2045年にシンギュラリティーに到達すると予測していることから、「2045年問題」とも呼ばれています。

このシンギュラリティーは半分SFの話という認識の方もこれまでは多かったと思いま

す。私もそうでした。しかし、2022年の年末に私が出した結論は、2045年よりもだいぶ早くその日が訪れるだろうということです。

こうなってくると、経営者が理解しなければならないのはAIの活用を前提にした場合に、社会や経済のあり方も大きく変わってくるということです。何よりも、**会社の経営が大きく変わってくることが予想されます。**

今までは、従業員を増やしていくことで業容を拡大し、売り上げ規模を大きくするというのが、経営の定石でした。ところが、もしも、AIがこの先、人間の能力を超える日が来るとするならば、経営のあり方も大きく変わらないといけません。

私自身、これまでもいくつかのイノベーションで生活のスタイルや心持ちが大きく変わった経験があります。その1つにお掃除ロボットのルンバがあります。ルンバを購入した際、自分が外出している間に掃除をしてくれることで、掃除をしなければならないという心理的な負荷が大きく下がるという体験がありました。

それまでの自分なら、週に1～2回くらい掃除すればいいかなと思っていたところを、毎日作動してくれて、いつでも部屋が綺麗で気分がいいというのは、衝撃でした。

そうして日々の生活が変わり始めると、帰宅時にルンバが床に落ちている書類やモノを吸い込んでしまうといった新しい状況が生まれました。吸引口に挟まった書類を取り出したり、段差に乗り上げて動けなくなって電源が落ちているのを元に戻したり、といったことを繰り返すうちに、こちらもルンバが掃除しやすいようにモノを床に置かなくなりました。**ロボットが掃除しやすいように、自分のモノの置き方という生活習慣を変えた**のです。

ＡＩの性能が日々アップデートされていく時代が到来するならば、**ＡＩが仕事をしやすいように、我々人間が働き方を変える日が、近い将来訪れるだろう**と思ったのです。一刻も早くＡＩが働きやすいように人間が働き方を変えるにはどうしたらいいだろうか。そう考え始めたのが、この本を書こうと思ったきっかけでした。

ＡＩが働きやすい会社では、人間の働きやすさも確実に向上しているはず――。

ルンバと家事を協働し始めた時に感じたのと同じような感覚で、私は、この問題に取り組み始めました。

column

社外に向けた生成AIのユースケース

カスタマーサポートでAIを活用する

コールセンターをAI化する

生成AIのユースケースを考えるうえで、最初にフィットする領域はカスタマーサポートだと考えています。使い所として、明確な回答があるものほど適しているわけですが、想定問答が綺麗に揃っている分野というのは現状ではそこまで多くありません。

顧客へのよくある質問(FAQ)やコールセンターなどの対応マニュアル、IRなどの想定問答が整っている領域では、生成AIに第3章でご紹介するRAG(Retrieval-Augmented Generation)という仕組みで学習させ、その学習結果の範囲内で質問に対する回答を生成することにより、かなり多くのことが実現できます。

例えば、家電メーカーのサポートサイトを例に考えてみましょう。

実際にどの企業のサポートサイトもFAQの情報自体は揃っているのですが、ユーザーはなかなか自分の目的の情報にたどり着けません。そもそも、自分が使っているプロダク

図表 1-9　**AIで置き換えられるもの**

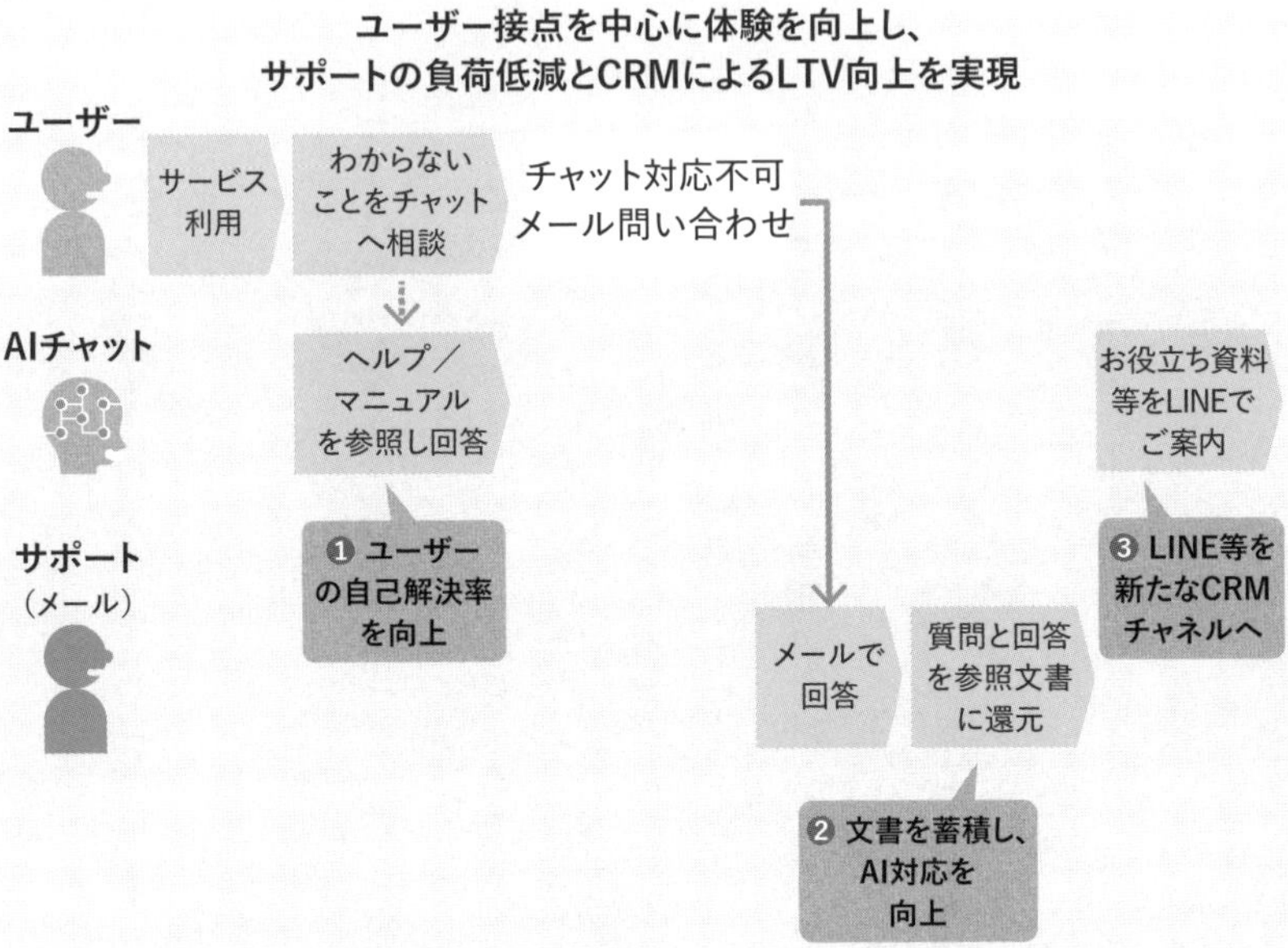

出所：カイゼン・プラットフォーム

トのメーカーやブランドはわかっても、機種や型番をすぐに言えるか、と聞かれると非常に難しいのではないでしょうか。

どこを見れば機種や型番がわかるのか……。そこから調べないと聞きたいことも検索できません。機種や型番の調べ方を調べても、サイト内検索で見当たらないサイトは山ほどあります。

そこで、コールセンターに電話することになります。ただコールセンターのスタッフも同様にすべての製品の内容を覚えているわけではありません。調べながら対応しているのがほとんどです。

こうした背景を踏まえ、このメー

カーではひとまずコールセンターのスタッフが使う目的で生成AIを活用することにしました。精度を高めてカスタマーが自己解決できるような形にし、電話やメールでの問い合わせそのものが発生しないようにお手伝いすることにしたのです（図表1‐9）。

当初は、「実際に使えるかどうか不安なので見てみたい」という担当者の心配からこのようになっていたのですが、最近では、構築した生成AIの性能があまりにも高いため、同時に制作するケースも増えてきています。

実際にこの家電メーカーのコールセンターでは、オペレーターの対応時間の4～5割程度がお客様が使っている機種や型番の把握に使われている状況でした。最近ではオンラインでアップデートされていく商品も多いので、バージョンの把握に時間がかかることも多かったようです。

これは非常にもったいない話です。例えば、そのような場合は機種や型番ごとに異なるお問い合わせチャット用のQRコードを付けることで解決できます。スマホでお客様が入ってきた段階で、どの商品をご利用中なのかを把握することは簡単にできるのです。

サポートチャットに入ってきた段階で、「いつもXX（商品名）をご利用いただきありがとうございます。本日はどうされましたか？」とAIに対応させることで、本題の質問にすぐに入れます。生成AIを活用すればこのようなUX（顧客体験）を設計し、顧客に寄り添うサポートが可能なのです。

重要なのはＡＩと人が協働する業務設計

金融機関の手続きなども複雑でわかりにくいですが、明確に回答がある領域です。これらも生成ＡＩの得意分野です。お客様の困りごとを聞きながら、足りない情報をヒアリングして正しいサポートを行うことも可能になります。

では、人間のサポートは必要なくなるのでしょうか？　そんなことはありません。メーカーであれば故障や交換、金融機関であれば例外となるケースなどのマニュアルでの対応が難しいイレギュラーケースが一定数存在します。こうしたイレギュラーケースに人間が当たるようにしていけばよいのです。

また、ＡＩが回答できなかった質問を再度学習させるためのデータベースに蓄積することで、次からはＡＩに回答させることも可能です。これはＡＩの教師役を人間が担うということです。サービス品質を高めるうえでも、ＡＩと人の業務設計が極めて重要なのです。

読者のみなさんも、コールセンターに電話して待たされたり、営業時間外でイライラしたりした経験があると思います。実際に、昨今の人口減少の影響もあり、人材獲得が難しくなってきています。そのため、多くの企業で受電率（電話が入ってから実際に電話を受けて対応できる確率）は、下がりつつあります。

人間でなければ難しい業務に注力していくため、いかにＦＡＱサイトやサポートサイト、

図表1-10　AIを賢くする仕組み

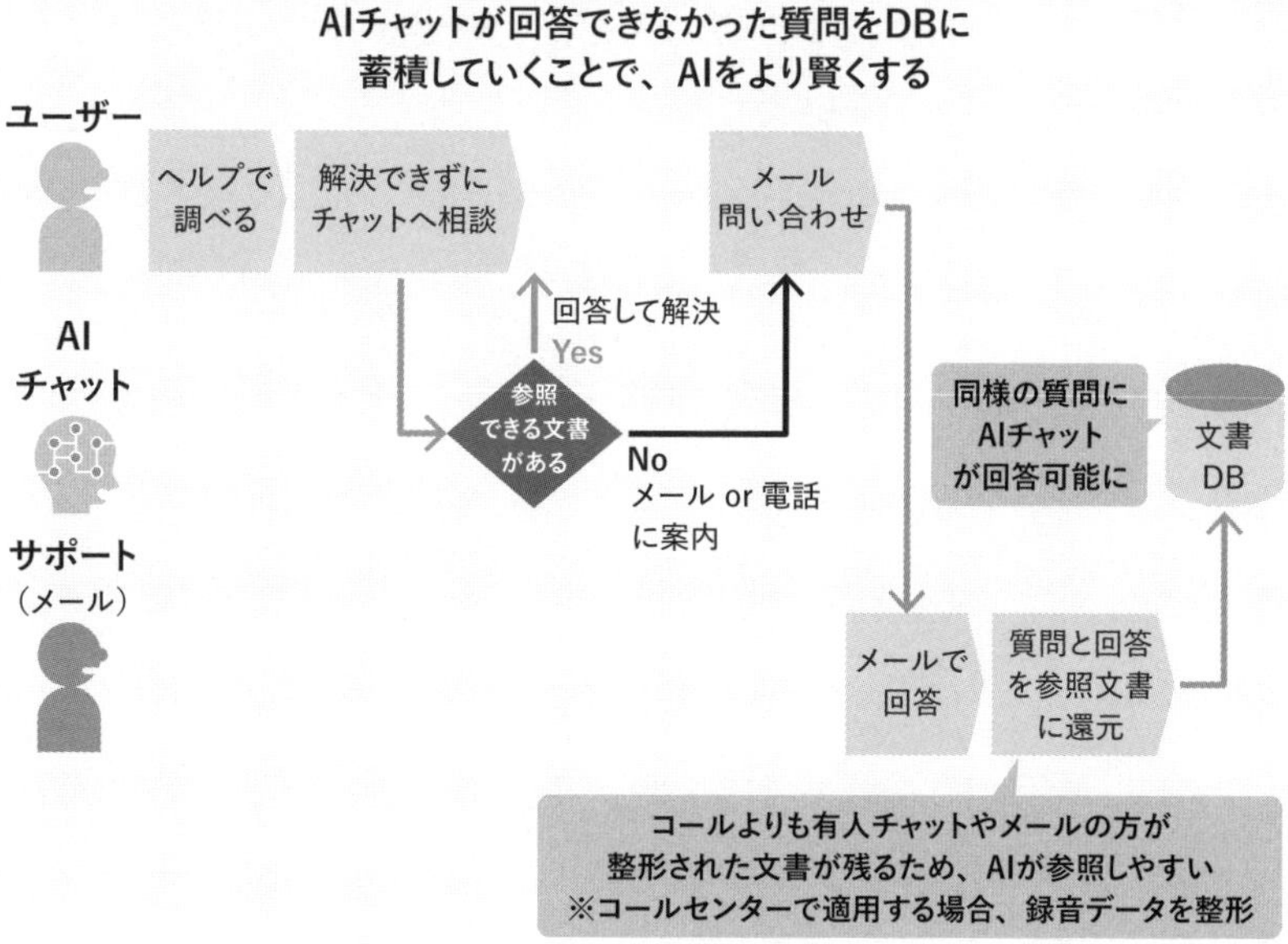

出所：カイゼン・プラットフォーム

あるいはサポートチャットやサイト内検索での体験設計をできるか、がカギになります。そして、そこでの生成ＡＩ活用は、今後の最もホットな領域になるでしょう。さらに、音声ＡＩの進化も早いため、違和感のない電話応対も早晩、実現可能だと思われます。

　日本でもＳａａＳやサブスクリプションサービスで、カスタマーサクセスの重要度が増していますが、顧客の業種や状態といった前提情報を把握したうえでの適切なサポートが必要不可欠です。テックタッチならぬＡＩタッチでのカスタマーサクセスが増えるでしょうし、私の経営するカイゼン・プラットフォームにもさまざまな相談が寄せられています。

第2章

AIが塗り替える市場のルール

まずは、AIを知ることから始めよう

知っておきたい4つのAIレベル

ＡＩが働きやすい環境について考えていくためには、ＡＩとは何なのかを深く知る必要があります。そこでＡＩの定義をおさらいしておきましょう。

ＡＩとは、人工知能という名前のまま、**人間の知能のように働くように作られたシステムです。そして、AIには2つの種類があります。人間のように振る舞える、ある意味で万能なコミュニケーションが可能な「強いAI」と、特定の狭い領域のタスク（例：絵を描く、文章を書くなど）において人間に匹敵あるいは凌駕《りょうが》する性能を出せる「弱いAI」です。現在、実用化が進んできているのは「弱いAI」**です。それぞれの語源は英語の「General AI」（強いＡＩ）、「Narrow AI」（弱いＡＩ）に由来します。

さらにＡＩには、さまざまなレベルがあります。『人工知能は人間を超えるか：ディープラーニングの先にあるもの』（松尾豊著、ＫＡＤＯＫＡＷＡ、２０１５年）では、ＡＩを１～４にレベル分けしています。

レベル1は単純な制御システムです。これらは、厳格に指定したルールに基づいてアウトプットを出すもので、単にマーケティングとして「ＡＩ」と呼んでいるケースが見られます。人のいる場所（温度が高いエリア）に風を送るエアコンなどのＡＩ搭載家電はその一例です。

レベル2はルールベースです。「ルール化された知的作業」の自動化が中心となり、どう行動するかを決めます。大量の情報分岐が仕込まれているコンピューター囲碁や、床に障害物があったら避けるルンバのようなお掃除ロボットはルールベースの好例です。レベル1よりも、複雑なパターンに対応できるようになっており、ＥＣのチャットボットやおすすめ機能などにも使われています。

レベル3は機械学習です。専門家が決めたパラメーターに基づいてルールや知識を学習し、新たなインプットについて自ら判断してアウトプットします。回帰分析、クラスタリング、分類など、比較的単純な問題に向いており、一般的に少ないデータでも高い精度を発揮することができます。特定の目的で使われるケースが多く、不動産情報サイトでの物件価格の予想や、医療における画像分析からの診断などには機械学習の活用例が多く見られます。

レベル4はディープラーニングです。機械学習の一種で「深層学習」とも呼ばれるディープラーニングは複雑なパターン認識や予測問題の処理に優れています。

図表 2-1　**識別モデルと生成モデル**

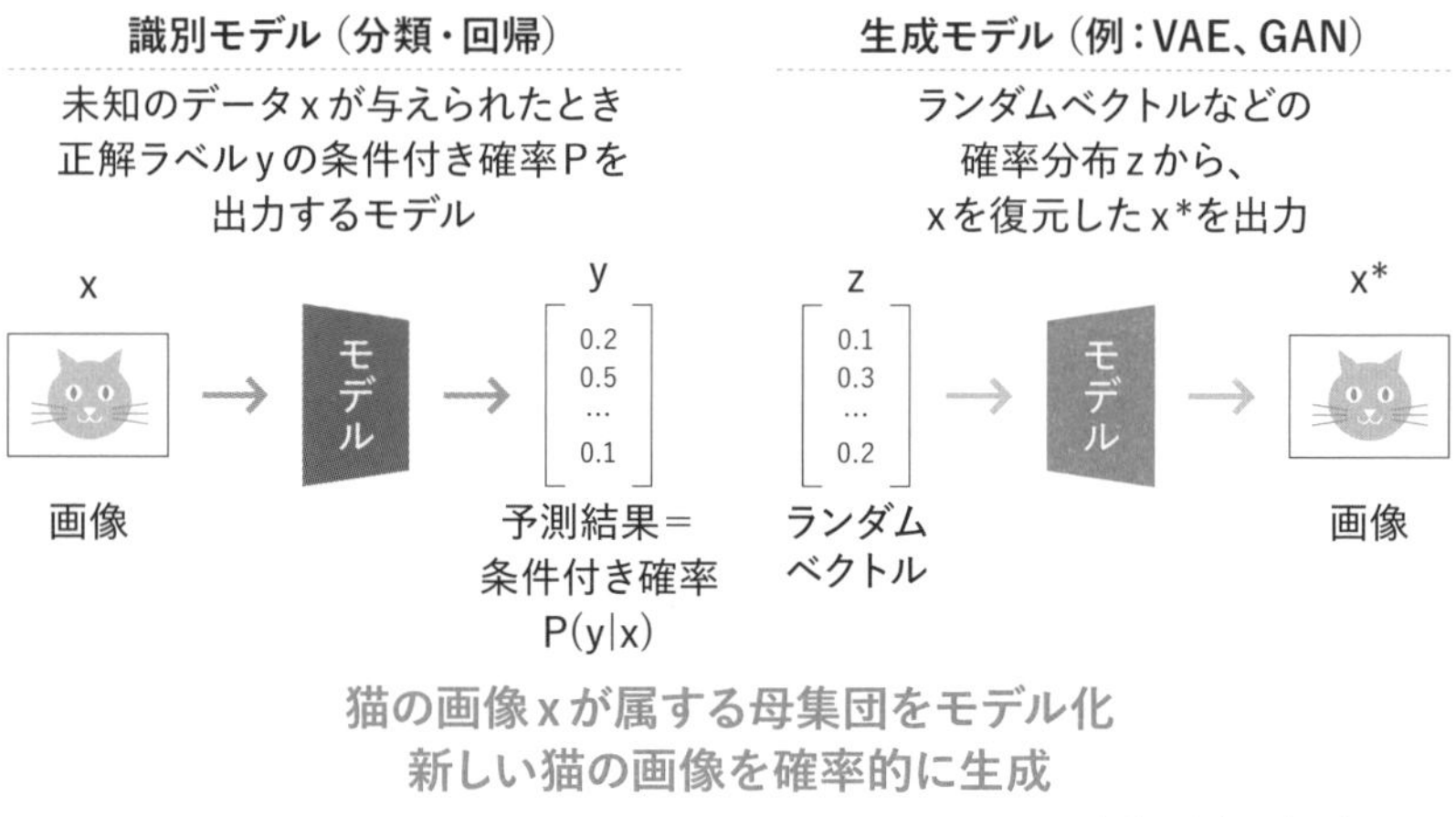

出所：カイゼン・プラットフォーム

従来の機械学習では、人間がコンピューターに何を見るべきかに関する「特徴量」という変数を教える必要がありましたが、ディープラーニングでは、コンピューター自体が大量のデータから重要な情報やパターンを見つけ出して学びます（図表2-1）。

例えば、写真の中の明るい部分や暗い部分を見分けるのは比較的簡単ですが、写真に写っている人の顔を識別するのはもっと複雑な作業です。ディープラーニングはこのような複雑な作業を可能にするために、いくつもの「層」を重ねて処理を行います。各層は、前の層からの情報を基に、より高度な認識や判断を行うことができます。これが「深層学習」と呼ばれる理由で、コンピューターが自分で学び取る能力を格段に向上させることができます。

ディープラーニングはこの階層的な処理によっ

て、**機械に人間に近い認識能力を持たせることが可能**になります。処理の層が深くなるほど、より高度な判断や認識が可能になるのがディープラーニングの特徴です。この技術により、自然言語処理、音声認識、画像認識など、多岐にわたる応用が可能となっています。先述したアルファ碁や生成ＡＩがこれに当たります。

大量のインプットデータからパターンを認識していくことで、猫の画像を猫であると認識したり、車を認識したりするプロセスは、人間がパターンを認識して学習していく過程と似ていると言われています。

生成ＡＩは何がスゴいのか

生成ＡＩは、主にディープラーニングやニューラルネットワーク（後述）を用いて学習されたモデルのアウトプットとして、何かしらのデータを生成（創作）するＡＩモデルのことです。これは、音楽、画像、文章、動画、会話など、さまざまな分野で活用されています。

例えば話題のチャットＧＰＴやミッドジャーニーなどが、現時点での代表格です。

ＡＩという大きな枠組みの一部であり、その中でも特定のタスクでデータや情報を生成する能力を持つという生成ＡＩの位置付けを理解しましょう。

データから学習し、自分で新しいデータを作り出すことができる生成ＡＩの動きは、例えば、たくさんの絵を見て勉強した後、自分で新しい絵を描くような感じです。その中心にある学習のモデルが「生成モデル」と呼ばれ、訓練データを次々に学習してそれらと似たデータを生成します。そして、このモデルを活用し、第1章でもご紹介したように、文章、画像、音声など、さまざまなデータを学習し、生成できるＡＩがたくさん登場してきたというわけです。

これらの技術は単に文章の生成やビジュアルアートなどに限らず、音楽の作曲、文学作品の生成、さらには科学的研究や医療分野でのデータ解析など、幅広い分野で応用が可能です。生成ＡＩは既存のデータから新しいパターンや規則を見出し、それを基にして新しい知見や創造物を生み出すことができるのです。

このように、生成ＡＩは私たちの想像力や創造力の延長線上にあり、**未来の多くの分野で重要な役割を果たすことが期待**されています。

実際に、第１７０回芥川賞の受賞作『東京都同情塔』（新潮社）は、チャットＧＰＴなど生成ＡＩを駆使して書かれたことを著者である九段理江さんが受賞会見で話していました。生成ＡＩは誰もが当たり前に使うものへと移りつつあるのです。

図表2-2　**生成AI（Generative AI）とは**

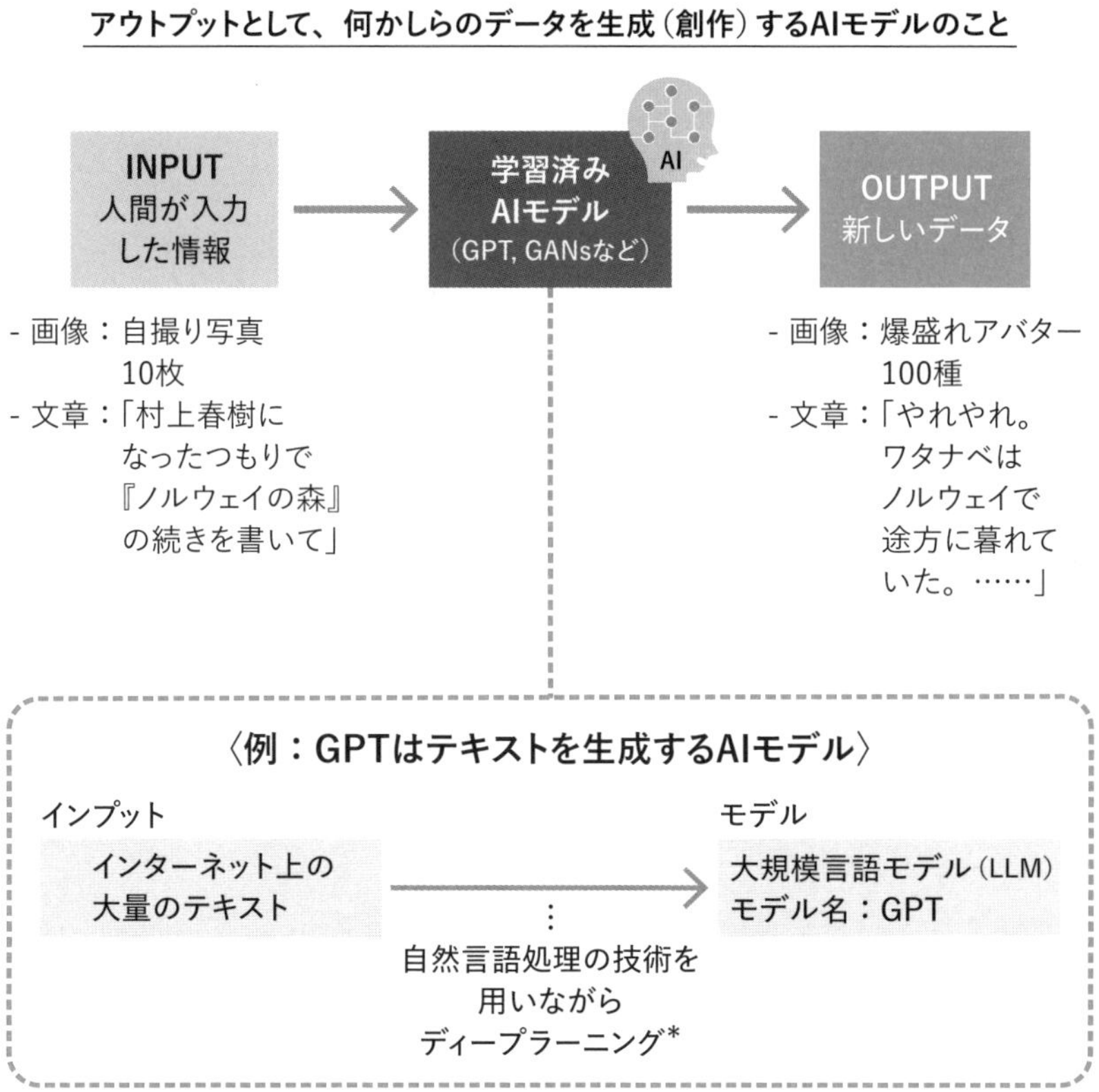

*例えば日本語についても、文法や単語の意味を理解しているわけではなく、「こう来たらこういうふうに返すもの」ということを統計的に学習している

出所：カイゼン・プラットフォーム

生成AIにはどのようなものがあるのか

第1章でも掲載しましたが、生成AIの例としては、次ページの図のようなものがあります。

AIは驚くべき速度で発展しています。画像生成からテキスト生成、そして音声生成に至るまで、さまざまな分野で新しいクリエイティブな表現や効率的なデータ生成手法が開発され、多くの場で活用されています。

具体例では、ミッドジャーニーやDALL-E（ダリ）は、学習したデータセットから新しい画像を生成できます。これらの技術は芸術やデザインの世界、さらにはバーチャルリアリティ（VR）やゲーム開発に取り入れられており、新たな可能性を提示しています。

テキスト生成の分野でも、チャットGPTやElicit（エリシット）が活躍しています。これらは学習した文章データから新しい文章を生成し、自動要約や対話システム、文書生成など、さまざまな用途で利用されています。

このほか、音声生成ではRVCやCoeFont（コエフォント）などが、学習した音声データから新しい音声を生成します。これらは音声合成や音声コンテンツの生成などに応用されています。

例えば、私の経営するカイゼン・プラットフォームでは、これらの技術を使い、従業員

図表 2-3　生成AIの例（再掲）

次々と人間の能力を獲得した新しい AI ツールがほぼ毎日、100以上も登場。専門家でなくとも、誰もが使える「AI の民主化」が始まった

目	文字認識／画像認識／映像認識	GPT-4V, Claude 3, Gemini
耳	音声認識	Notta, VoiceText
口	音声発話／発話に合わせて口を動かす	RVC, CoeFont
理解	要約する／場面の理解	Elicit, AssemblyAI
表情	感情認識／感情表現	Affdex, xpression camera
創造	絵を描く／映像を作る／UI を作る／アイデアを出す	Midjourney, Dall-E, Sora
知識	質問に回答する／プログラムコードにする	ChatGPT, GitHub Copilot
操作	UI を操作する	Adept, Multi·ON

出所：カイゼン・プラットフォーム

がＡＩリテラシーを向上させるためのｅラーニングのコンテンツを大学生のインターンが開発しています。

その内容はＡＩの講師がＡＩの使い方や注意点などを教えてくれるものですが、これは**ＡＩの進歩があまりにも速いため、常にアップデートしていけるように、人間の講師を立てて撮影するのではなく、講義内容をアップデートするとＡＩの講師が話す内容が変わるような仕組みになっています。**

このように生成ＡＩを活用したツールは使い方次第で、とても便利です。一方で利用そのものは慎重に進める必要があります。倫理的な問題やデータのバイアス、プライバシーの保護や法的観点といった論点が存在するためです。これらの問題については後ほど詳しく取り上げます。

図表2-4　**強いAIと弱いAIの違い**

強いAI（汎用的な知能、AGI）	弱いAI（限定的な知能）
人間のように振る舞える	特定のタスクにおいて人間に匹敵
・**研究段階** ・実現範囲：感情や意思などの意識を含む脳全体を再現 ・対応能力：未知の問題についても対応できる	・研究から**実用段階** ・実現範囲：学習、推論、認識などの知的作業の実現 ・対応能力：学習済みの特定のタスクについては、人間に匹敵する知能

出所：カイゼン・プラットフォーム

「強いＡＩ」と「弱いＡＩ」

先述の通り、ＡＩには、「強いＡＩ」と「弱いＡＩ」があります。**強いＡＩとは幅広い領域で人間と同等以上の知能を持つＡＩです。**

ここはドラえもんがイメージしやすいかもしれません。人間のように多様なタスクを理解し、学習し、問題を解決することができます。広範囲な知識や経験を持ち、新しい状況に柔軟に対応する能力を持っています。

一方、**「弱いＡＩ」とは、特定のタスクや領域に特化したＡＩです。**日常生活やビジネスのさまざまな側面で活用されているものの、限定的な範囲で高いパフォーマンスを発揮することができますが、他のタスクや領域には応用できません。

強いＡＩを開発するためのステップとして数多くの

弱いＡＩが開発されています。弱いＡＩは現在、さまざまな分野で活用されており、その応用範囲は広がりつつあります。ＡＩドリブン経営への最初の一歩は、弱いＡＩをよく理解し、これらを経営にどう活かしていくのかを考えていくことになります。

強いＡＩの開発を待てばよいという考え方もありますが、私は、弱いＡＩを組み合わせて活用することで現時点でも十分、人間の負荷を下げることができると見ています。

そのため、今からＡＩを中心に置いた業務プロセスを構築し、競争力を高めておかなければ、コスト競争の観点で、ライバル企業に勝てなくなってしまうリスクが高いと考えています。

また、この問題を考える時に、どれだけ時間の猶予があるのかわからないというのも重要な点と言えるでしょう。つまり、誰かに出し抜かれてしまう前に、自分たちが成功させないといけないというチキンレースに乗らざるを得ないというのが非常に嫌なポイントでもあるのです。

生成ＡＩは第４次ＡＩブームとなるか

何度も訪れたＡＩブーム

実は、ＡＩのブームは何度か訪れています。１９５０年代から１９６０年代にかけて研究の初期段階が始まりました。**この時期に、「ニューラルネットワーク（神経網）」という新しい考え方が生まれました。**これは、実際の生物の脳がどのように情報を処理するかを数学的に模倣しようとする試みでした。もっと具体的には、我々の脳の中にある神経細胞《ニューロン》がどのように働いているかを再現しようというアイデアです。

同じ頃、「パーセプトロン」と呼ばれるモデルも開発されました。これは、非常に単純な形のニューラルネットワークで、情報を入力として受け取り、何らかの出力を生成します。例えば、数値が高ければ「はい」、低ければ「いいえ」と出力するイメージです。

そして、**これらのアイデアが、現代の「ディープラーニング」（深層学習）の基礎**となりました。ディープラーニングは、大量のデータを使ってコンピューターが学習し、それに基づいて予測や判断をする技術です。例えば図表２-１（60ページ）のように、大量の猫の写真を見せて「これは猫だ」と学習させると、新たに見せられた写真が猫かどうかをコンピューターが判断できるようになるというものです。**このような技術は、現代のＡＩの分野で広く使われています。**

当初、ＡＩの研究者たちは、ルールベースのエキスパートシステムや知識ベースのアプローチに取り組んでいました。当時の期待は高く、機械が人間のような知的なタスクを実行できる未来を夢見ていました。

ところが、その後の１９７０年代から１９８０年代初頭にかけて、**ＡＩの進展は一時的に停滞し、「ＡＩ冬の時代」と呼ばれる時期がやってきました。**研究者たちは、既存のアプローチの限界や課題に直面し、ＡＩの実用化は難しいという認識が広まりました。予期された成果が得られず、資金や研究対象としての関心も減少しました。

注目を集めた「機械学習」

しかし、１９８０年代半ばには、ＡＩの研究が再び活発化し、これが「第2次ＡＩブーム」と呼ばれる現象につながりました。このブームの中で、**「機械学習」**という新しい方法が特に注目を集めました。

「機械学習」とは、マシンがデータから特徴量を自動的に学習し、新しい情報を予測する

図表 2-5　**人工知能の歴史**

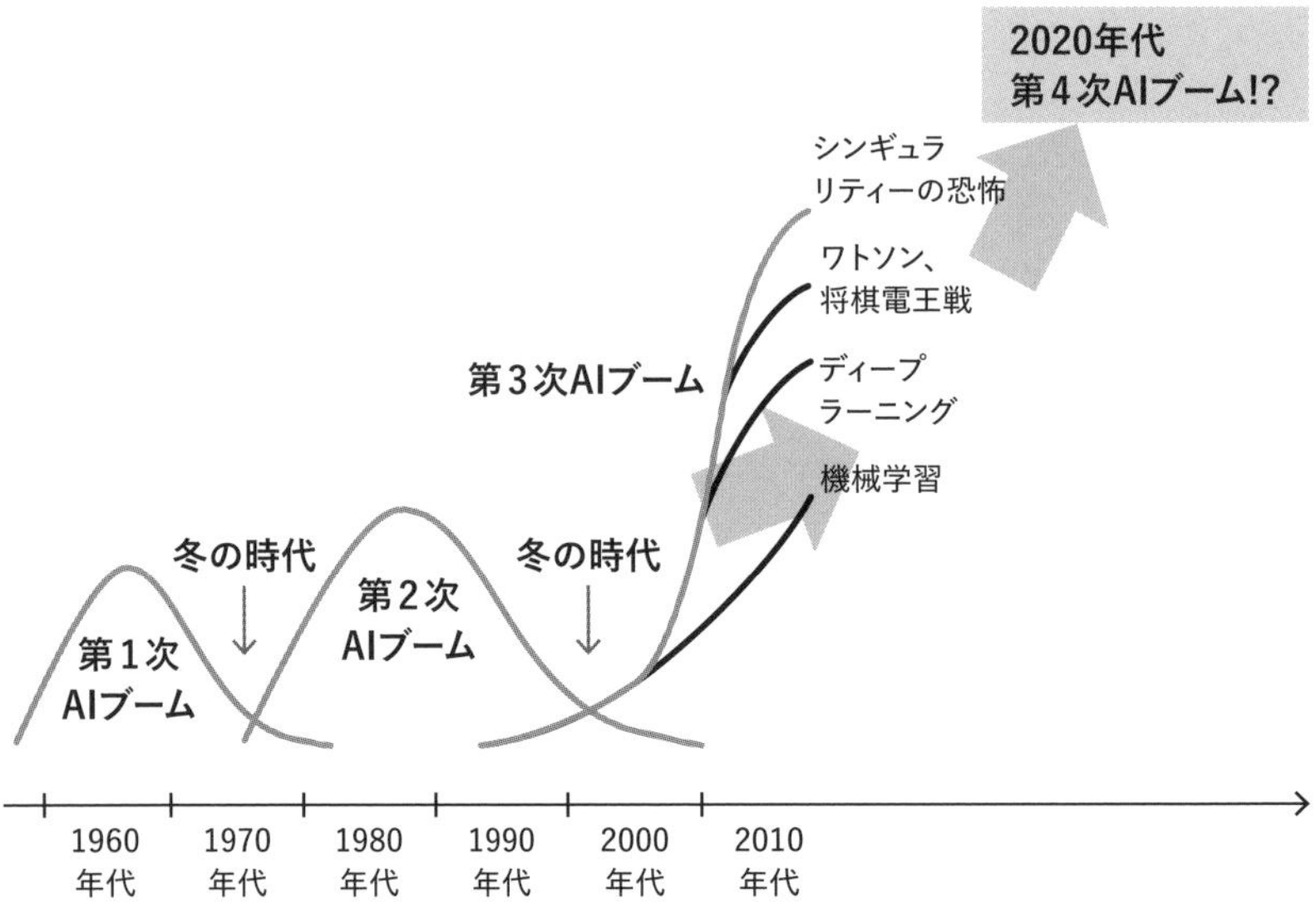

出所:『人工知能は人間を超えるか』を基に筆者作成

ための技術です。具体的には、大量のデータを分析し、そのパターンを理解して、未知のデータについて予測を行うことができます。この時期には、数学や統計学の手法が機械学習に取り入れられ、「ニューラルネットワーク」の考え方が再び注目されました。

加えてこの時代には、「バックプロパゲーション・アルゴリズム」という新しい方法も開発されました。このアルゴリズム（算法）は、機械学習モデルが間違った予測をした場合に、その間違いを正しい方向に修正するためのものです。このおかげで、ニューラルネットワークがより効果的に学習できるようになり、人工知能の研究が大きく進展しました。

第2次ＡＩブームにより、ＡＩ研究へ

の関心と資金が再び集まり、音声認識、画像処理、自然言語処理など、機械学習を活用した応用研究も進展しました。しかしその後、進展が頭打ちとなり、「AI冬の時代」が再び訪れました。

そうした状況を打開したのが、2006年に提唱されたディープラーニングの進展です。AIへの興味と投資熱が三たび高まり、2010年代以降、第3次AIブームとなりました。**深層学習モデルのアルゴリズムが注目を浴び、AIの新たな進化が始まった**のです。

第3次AIブームでは、画像認識や音声認識などの領域で驚異的な成果を上げる**ディープラーニングを中心にした機械学習の研究や応用が急速に進展**しました。自動運転車、音声アシスタント、顔認識システム、自然言語処理の応用など、さまざまな分野でAIの技術が活用されています。

また、大手テクノロジー企業やスタートアップ企業、研究機関などが積極的にAIの研究・開発に取り組み、投資や競争が激化しました。

第3次AIブームの特徴は、ディープラーニングによって実現された高度なパフォーマンスと、大量のデータを利用してモデルを訓練する能力です。そして、クラウドコンピューティングやハードウェアの進歩により、高速な計算とリソースの拡張が可能になりました。これにより、**AIの研究と開発がより効率的**に行われるようになったのです。

日本とAIの国際競争

２０１０年代から現在まで第３次ＡＩブームが続いていますが、２０２０年代は、生成ＡＩの台頭により、もしかすると第４次ＡＩブームと位置付けられることになるかもしれません。

ＡＩの歴史は、計算力の高いマシンを大量に使うハードウェアや電源、大量のデータなど大量の資金を必要とする歴史とも言えます。これらのハードウェアやその他の周辺技術の進歩によって大きく進展していくことになったのです。

そして、これらのインフラやデータを大量に持つマイクロソフトやグーグルがＡＩ競争において一歩リードしているのもそれが理由です。**資金だけでなく、大量なデータを処理するマシンパワーを提供できる会社がそんなに多くない**というのは、日本がＡＩの国際競争を考えるうえで憂慮すべき点でしょう。

マイクロソフトがなぜオープンＡＩに１００億ドル（当時の為替レートで約１・３兆円）の投資をできたかというと、その投資の多くが、マイクロソフトが提供するクラウドAzure（アジュール）の利用料で返ってくるからとも言えます。

マイクロソフトは、自社が提供するクラウドをオープンＡＩに提供することで、Ｂ／Ｓで投資した資金をＰ／Ｌで回収することができるのです。その強さは２０２３年７～９月

図表2-6　**クラウド3強の売上高成長率の推移**

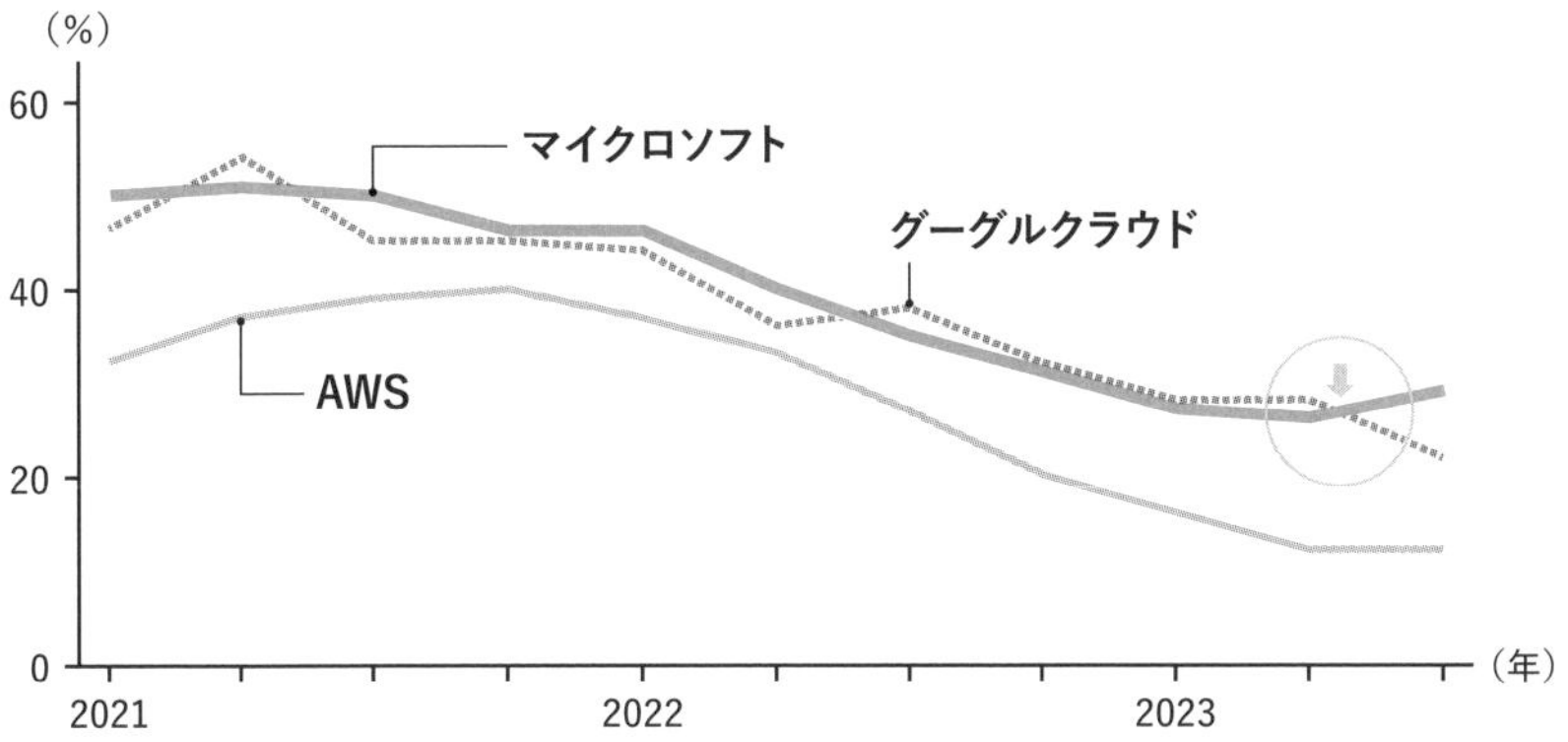

出所：「日経クロステック」（2023年11月13日）を基に筆者作成

の決算に表れています（図表２‐６）。

　これまで、規模が拡大すると同時に成長率は鈍化傾向にあったマイクロソフト、グーグル、アマゾンのクラウド事業の売り上げで、マイクロソフトだけは成長率が上向いているのです。これはクラウド市場でも大きな驚きでした。

　それだけ、オープンＡＩのモデルが搭載されたアジュールは注目され、市場を牽引し始めているのです。サーバーがオンプレミス（自社運用）からクラウドに切り替わって提供されてきたように、**生成ＡＩもクラウドとして提供され、すでに収益化が見込めるところまできている**と言えるでしょう。

　生成ＡＩは、サーバーと同様、クラウドの形で提供され、それが収益を稼ぐというビジネスモデルも含めて、**世界の隅々まで普及させていくための土台が整っています。これは従来のＡＩと異なる点です。**

これぞ「民主化」と言われるゆえんですが、その結果、**「いかにＡＩを使いこなすか」というユースケースと具体的にビジネスに実装していくところに競争の軸足がシフトしています。**

ＡＩの進化のスピードは、この数年で加速度的に進んでいます。しかもそれは、これまでの数十年の進化をわずか数カ月で塗り替えてしまうようなスピードなのです。ＡＩのさらなる進化は避けられないからこそ、**ＡＩと正面から勝負して勝とうとせず、どのように使いこなしていくかを一刻も早く考えていくべきだ**と私は考えています。

注目を集めるＬＬＭとは何か？

絶対に押さえておきたいＬＬＭの仕組み

ＡＩを使いこなしていくうえでぜひ知っておきたいのがＬＬＭ（Large Language Model）の仕組みです。ＬＬＭは、大規模な自然言語処理モデルの一種であり、自然言語

図表 2-7　LLMが文章を生成する仕組み

1. **入力文脈の理解**：まず、LLM は入力となる文章の意味や文法的な構造を理解
2. **予測の生成**：次に、LLM は入力文脈を基に、次に来る単語を確率的に予測
3. **文章の生成**：予測された単語が新しい文脈を形成し、LLM は次の単語を予測して文章を生成するプロセスを繰り返す
4. **出力の生成**：最後に、生成された文章が出力される

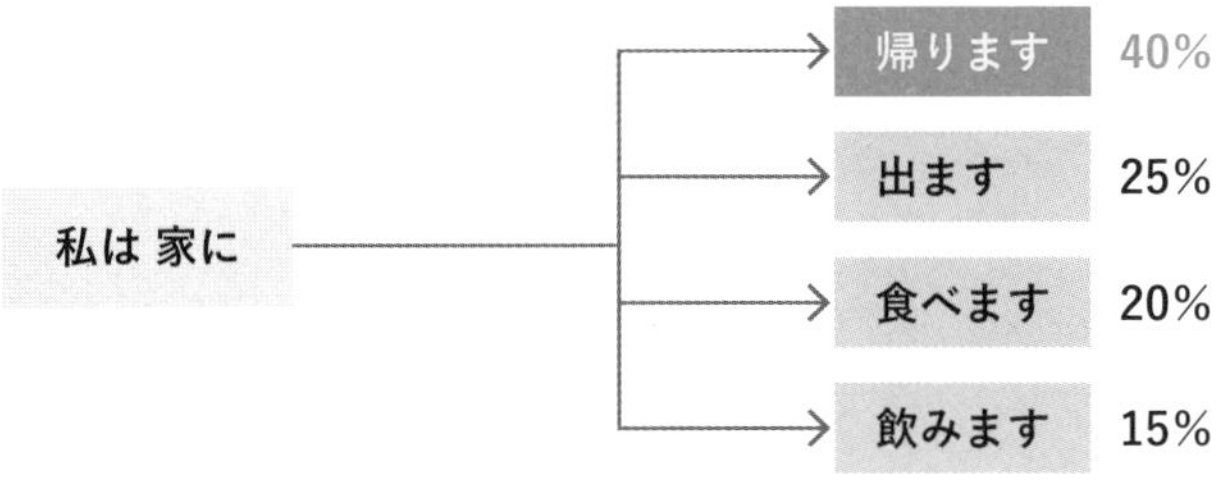

出所：カイゼン・プラットフォーム

の理解や生成において非常に優れた性能を持つＡＩモデルです。ＬＬＭは「入力文脈の理解→予測の生成→文章の生成→出力の生成」という流れで新しい文章を生成していきます。

　チャットＧＰＴはＬＬＭを使ったテキスト生成モデルを使用しているので、例に出して説明しましょう。チャットＧＰＴは、数億～数百億の文章データを学習して、自然言語の特徴や文法を把握します。それによって、与えられた文脈や指示に基づいて文章を生成することができます。

　まずチャットＧＰＴはトレーニングデータと呼ばれる大量の文章を与えられます。これにはウェブ上の文章、書籍、ニュース記事など、さまざまな情報が含まれます。チャットＧＰＴはこのデータを学習し、文脈や単語の関連性を把握します。

　学習が進むと、チャットＧＰＴは与えられた入力に対して次の単語や文を予測できるようになり

ます。例えば、「今日の天気は?」という入力が与えられた場合、チャットGPTは「晴れです」といった応答を生成することができます。

加えて、**チャットGPTは文脈を理解して応答を生成するため、会話の流れを保つことも可能です。適切な文法や表現を用いて、人間に近い応答を返すことができるのが特徴**です。

このように、LLMは大量のデータから学習し、文脈やパターンを理解して新しい文章を生成する能力を持っています。応答や文章生成のタスクにおいて、人間に近い表現や内容を生成できるため、対話システムや文章生成に活用されています。

非常に面白いのは、**チャットGPTに知性があるように見えるけれど、いわば「次の言葉の予測計算機」が、計算された最もふさわしいであろう次の言葉を並べているだけ**なのです。つまり質問に対して、それらしい言葉を並べているにすぎません。

そのため、質問の精度を高めると回答の精度が高まるという現象が起きます。これを「プロンプトエンジニアリング」と呼びます。これについては後ほど、少し解説します。

LLMは何に使われているのか

LLMの主な活用先として、以下のようなものがあります。

■自然言語処理タスク

機械翻訳、文書分類、感情分析、要約生成などのタスクにおいて、ＬＬＭは高い性能を発揮しています。

例

グーグル翻訳——文章や文の翻訳を行うオンライン翻訳サービスで、ＬＬＭを利用して高度な翻訳を実現

Amazon Comprehend（アマゾン・コンプリヘンド）——テキストデータを解析し、情報抽出や感情分析などの自然言語処理タスクを実施

■チャットボット

ＬＬＭを利用したチャットボットは、顧客サポートや情報提供などの対話型サービスに活用されます。ユーザーからの質問に応答したり、会話を通じて適切な情報やサービスを提供したりすることができます。

例

Zendesk（ゼンデスク）――CX（カスタマーエクスペリエンス）に最適化されたチャットボット

Bing Chat（ビング・チャット）――マイクロソフトが開発した対話型AIチャットで、チャットGPTと最新のGPT－4を搭載したAIエンジンを利用

■ **個別最適化されたコンテンツ生成**

ユーザーの過去の行動や好みを学習して、個別最適化されたコンテンツを生成することが可能です。ニュース記事、商品の推奨、広告のカスタマイズなどに活用されます。

例

Netflix（ネットフリックス）――ユーザーの視聴履歴や評価データを基に、個別の映画やドラマの推奨をする動画配信サービス

Spotify（スポティファイ）――ユーザーの音楽の好みや再生履歴を分析し、個別

最適化されたプレイリストや音楽の推奨を行う音楽ストリーミングサービス

■ **文書生成と執筆支援**

ＬＬＭは大量のテキストデータを学習しているため、新しい文章の生成や執筆支援に活用されます。小説や詩の生成、記事の執筆支援、ビジネス文書の作成などに使用されます。

例

チャットＧＰＴ――ユーザーとの対話を通じて文章生成や執筆支援を行うチャットボットモデル

Grammarly（グラマリー）――文章の文法やスペルミスを検出し、執筆の支援をするオンラインの文法確認サービス

■ **ＡＩアシスタント**

音声アシスタントやビデオアシスタントとして、ユーザーとの対話や情報提供を

行うことができます。Ｓｉｒｉにはまだ ＬＬＭが組み込まれたという情報はありませんが、近い将来、ここに組み込まれていくことは間違いないでしょう。

例

Google Assistant（グーグル・アシスタント）——スマートフォンやスマートスピーカーなどで利用される音声アシスタントで、さまざまな情報やサービスを提供。ジェミニを呼び出す形で利用可能になっている

Apple Siri（アップル シリ）——ｉＰｈｏｎｅやｉＰａｄなどのデバイス上で動作する音声アシスタントで、ユーザーの質問に応答したり、タスクの実行をサポート

こうしたユースケース以外にも、ＬＬＭを活用したさまざまなサービスが存在します。

AIにまつわるさまざまな問題

責任の所在はどこにあるのか

AI技術の発展とともに、倫理的な側面も考慮する必要性が高まっています。AIの活用には、いくつかの倫理的な問題が存在します。1つは、AIによる人々のプライバシーとデータの取り扱いです。AIは大量のデータを処理し、個人の情報を含むさまざまなパターンを分析しますが、その過程で**プライバシーが侵害される可能性**があります。

加えて、**AIの意思決定に関する透明性と説明責任**も問題となります。AIが人々の生活に影響を与える場合、その意思決定プロセスや判断基準が不透明であったり、誤った結果を導く可能性があったりするため、何らかの主体が説明責任を持つことが重要です。

さらに、バイアス（偏見）や差別の問題も重要な倫理的課題です。AIは人間の行動や意見に基づいて学習するため、処理結果に**もともと存在する社会的なバイアスや差別が反映される可能性**があります。このようなバイアスは、公平性や社会的正義の原則に反する結果をもたらすことがあります。

企業はＡＩを活用する際に、**これらの問題に留意する必要**があります。適切なデータの取り扱いや透明性の確保、バイアスの排除など、倫理的な観点を重視したガイドラインや取り組みが必要です。

例えば、自動運転の車が事故を起こした場合、誰が責任を取るのでしょうか。自動運転にはいくつかのレベルがあります。その中でも特定の条件でシステムに全操作を任せる「レベル4」や、完全自動運転の「レベル5」は運転手が必要なくなります。これらの車が事故を起こした場合、誰が責任を取るべきかが大きな話題です。特に、自動運転システムを提供する会社にどれくらいの刑事責任を負わせるかが注目されています。現在の法律では、業務上のミスによる怪我や死亡、速度違反などは運転手個人に責任があります。

世界のいくつかの国では、自動運転車の事故に関する法律を変えようとしています。例えば、**英国では自動運転車の事故の責任を運転手ではなく、車を作ったメーカーに負わせる法案を準備しています。**ドイツでは２０１７年に自動運転に関する倫理規則を公表し、将来的には製造物の責任と同様にメーカーに責任を移すことを提案しています。

米国には、企業が被害を回復したり、罰金を払ったりすることを条件に、訴追を延期する制度があります。これは自動運転車の事故にはまだ使われていないですが、過去には自動車メーカーの部品不正の際に使われたことがあります。この制度は、自動運転で運転手を免責する場合にも使われるかもしれません。

日本では2021年、東京パラリンピックの際にトヨタの自動運転バスが事故を起こしました。その時はレベル2の自動運転（運転操作を部分的に自動化する技術を搭載した運転支援車）で、実際の運転を担当していた社員が法的な責任を問われました。

この事故は、完全自動運転が実現した際にシステムを開発した人に刑事責任が及ぶ可能性があることを業界に示しました。そのため、「責任の範囲が明確でないと事業を進めるのが難しい」という声が上がっています。

これらを踏まえ、2023年11月、日本政府は自動運転に関する責任ルールを検討するデジタル行財政改革会議を開催し、2024年5月までに結論を出す方針を確認しました。自動運転車の事故における刑事責任の対象や自動車メーカーへの責任に焦点を当て、実用化を目指す民間企業が負うリスクへの懸念払拭を目指しています。

AIの安全性と倫理に対する警告

2023年7月上旬、チャットGPTは2023年5月からβ版として提供していたウェブブラウジング機能「Browse with Bing」を一時的に停止しました。チャットGPTの学習データは、2021年9月までで最新の情報は含まれていませんが（無料版）、この機能をオンにすると、最新情報をウェブから取得し、回答に含むことができます。

しかし、「ニューヨーク・タイムズ」や「日本経済新聞」などの有料記事のURLを添えて「この記事を見せて」と指示すると、全文が表示されてしまうことが判明し、コンテンツ所有者の権利を侵害しかねないと、公開停止となりました。

その対応策として、8月にウェブクローラー「GPTBot」（AIモデルのトレーニング用データ収集ロボット）をブロックする方法がヘルプページで公開されました。それに則り、ペイウォール（有料課金システム）を設置しているメディアサイトがGPTBotをブロックしました。そして9月末にはウェブブラウジング機能が復活しました。

さらに、チャットGPTが公開された直後の2022年末、グーグルのAI部門のリーダーであるジェフ・ディーンが、対話型の検索エンジンを急速に展開することはアルファベット（グーグルの親会社）の評判リスクを高める可能性があると懸念を表明しました。その後、グーグルは2023年2月上旬に独自のチャットボット「Bard（現Gemini〔ジェミニ〕）」を発表しましたが、最初のデモには誤った情報が含まれていました。

同時期に、マイクロソフトはチャットGPTに基づく技術を「Bing」の検索結果に統合しましたが、その技術にはまだ信頼性の問題がありました。

このような出来事は、**AIの商業化の加速と倫理的なリスクを引き起こしており、産業界や研究者たちはAIの安全性と倫理に対する懸念を警告**しています。

2023年3月に非営利団体「フューチャー・オブ・ライフ・インスティチュート（F

ＬＩ）」が発表した公開書簡「**Pause Giant AI Experiments : An Open Letter**」では、**オープンＡＩのＧＰＴ‐４を始めとする「強力なＡＩ技術の開発と試験」を一時停止せよ、と訴えています。**この文書には人工知能分野での第一人者であるモントリオール大学教授のヨシュア・ベンジオや、スカイプの共同創業者ジャーン・タリン、起業家のイーロン・マスクらが署名しており、彼らは新しいテクノロジーの潜在的なリスクを研究し、ＡＩが仕事の自動化や偽情報拡散に利用される可能性に警鐘を鳴らしています。

そして最終的にはＡＩ技術のリスクを公開かつ検証可能に評価し、速い開発ペースについていく方法を模索する必要があると主張しています。

元グーグルのデザイン倫理担当者で、デジタル時代における「有意義な時間」を提唱するトリスタン・ハリスらが率いる非営利団体「センター・フォー・ヒューマン・テクノロジー（Center for Humane Technology）」は、２０２３年3月上旬に開催されたイベントで「物理的な世界にとっての核兵器……ＡＩはほかのすべてのものにとってそのような存在である」と、**ＡＩを核兵器になぞらえて警告しました。**

高まる欧州のＡＩへの危機感

欧州では、十数カ国の消費者団体が生成ＡＩのリスクに関する政府レベルの緊急調査を求めています。ノルウェー消費者センターの報告書「Ghost in the Machine（マシンの中の幽霊）」は、ＡＩには規制が必要であるとしています。

一部の開発者は外部監視を防ぐためにクローズドシステムを使用しており、生成されるアウトプットには不正確さや差別的な要素が含まれることもあります。さらに、**生成ＡＩは消費者を操作したり誤解させたりする目的で使用される可能性があり、プライバシーや個人の権利を侵害する恐れがあります。**

そこで、欧州データ保護委員会はチャットＧＰＴの調査タスクフォースを設立。英国のデータ保護機関（ＩＣＯ）も生成ＡＩを使用する組織がデータ保護法を遵守しているかどうかのチェックを厳格化する方針です。

加えて、欧州連合（ＥＵ）は２０２３年６月に「ＡＩ規則案」という新しい法案を採択しました。この法案は、ＥＵがＡＩ技術の影響を適切に管理し、個人とビジネスの権利と安全を守るための取り組みの一環で、**ＡＩをさまざまなリスクのレベルに分け、人権や自由を守るためのルールを設けています。**

このルールは、日本企業などＥＵ域外の他国の企業にも適用され、**違反者には罰金**が科されることになっています。この法案の主な考え方は、人間を中心とした、倫理的なＡＩの発展の促進です。ＡＩに関する知識や理解を深めることも重要視されています。

「ＡＩ規則案」の特徴は主に３つです。まず、ＡＩをリスクに基づいて分類すること、次

に、**それぞれのAIに求められる条件や義務を設定すること**、**そして最後に**、**イノベーションを支援すること**です。

特に重要なのは、**「許容できないリスク」を持つAIは使用禁止とされ**、**リスクが高いAIには特別な規制が適用されること**です。AIの開発と利用を規制する包括的なもので、世界の他の地域におけるモデルとなることが期待されており、2023年12月には大筋の合意を得て、2024年3月に議会で承認されました。2025年の早期に発効し、2026年から適用される見通しです。

AIの倫理的な問題は技術の進歩に伴い重要性を増しています。企業や研究機関は、AIの利点を最大限に活かしながらも、人間の尊厳や社会的価値を尊重する必要があります。

ここまで、リスクやネガティブなこともしっかりお伝えしてきた理由は、ただ1つです。**すでにこれらの想定される課題に関しては、議論が大分進んでおり、しっかりとしたガイドラインが示されつつある**ということです。

透明性と説明責任の確保、データの公平な取り扱い、バイアスの排除など、倫理的な観点を優先するよう、AIの倫理に関する議論やガイドラインの整備が進められることで、AIを実際のビジネスでより活用しやすくなってきており、持続的な市場の発展が期待されているのです。

AIによる市場破壊と事業変革の可能性

「破壊的イノベーション」の到来

昨今の生成AIの台頭は、さまざまな破壊的イノベーションを周辺市場に巻き起こしつつあります。

破壊的イノベーションとは、既存の事業や市場の枠組みを変革する革新的なイノベーションの1つで、ハーバード・ビジネス・スクールの教授であった故クレイトン・クリステンセンが著書『イノベーションのジレンマ』（翔泳社、2001年）で提唱した概念です。破壊的イノベーションは、新しい技術やビジネスモデルが既存の市場を揺るがし、従来の大手企業や製品を置き換える現象を指します。例えば、デジタルカメラがフィルムカメラの市場を縮小させた事例や、インターネットが伝統的な小売業を変革した事例などがこれに当たります。

このようなイノベーションは、**従来の市場を劇的に変化させ、新たな価値や需要を創出し、結果として既存のビジネスモデルや企業を淘汰する**こともあります。社会や経済において重要な役割を果たし、新しい時代の到来を告げる象徴とも言えます。

クラウドコンテンツプラットフォーム企業BoxのCEOであるアーロン・レヴィは、X（旧Twitter）で次のように述べ、生成AIが破壊的イノベーションをもたらすことを示唆しています。


「プラットフォームの移行期は、テクノロジー分野で新たな革新や破壊的な技術が台頭する唯一の瞬間だ。1990年代はウェブの分野で、2000年代はクラウドとモバイルの分野でこの現象が起きた。そして今、AIの分野でその瞬間が訪れるだろう＊」

– Aaron Levie (@levie) January 22, 2023

＊筆者訳

破壊的イノベーションがもたらす、生成AIによる新たな機会とは何でしょうか。

ITアドバイザリー企業のガートナーでは、生成AIがもたらす機会を**「売り上げ増加」「コストと生産性」「リスク軽減」**の3つに分類しています。

この分類を借りて、具体的にどのような機会がもたらされるのかを見ていきましょう。

生成AIがもたらす3つの機会

1 売り上げ増加の機会

生成ＡＩを商品開発と新たな販売チャネルの構築に活かすことで、**売り上げの増加が期待**できます。

商品開発においては、生成ＡＩを活用することで顧客の好みやニーズに基づいて製品をカスタマイズすることができるのです。例えばファッションブランドは生成ＡＩを活用して、顧客のスタイルや好みに合ったデザインの衣料品やアクセサリーを提案することができます。このように個別最適化された製品は顧客の興味を引き、売り上げを増加させる可能性があります。

さらに、生成ＡＩを使用してデジタルコンテンツを作成し、商品として提供することも可能です。例えば、ゲーム開発会社は生成ＡＩを活用してゲーム内のキャラクターやアイテムを自動生成し、追加コンテンツとして提供することができます。これにより、**新たな収益源を創出し、売り上げを増やす**ことができるでしょう。

新たな販売チャネルの構築については、例えばＡＩによるおすすめ機能が挙げられます。オンラインストアは顧客の過去の購買履歴や行動データを分析し、個別に最適化された商品を推奨します。

ＡＲ／ＶＲ技術で生成ＡＩを活用して仮想店舗を作成し、拡張現実（ＡＲ）や仮想現実（ＶＲ）技術を活用することも、顧客に新しい体験を提供します。

例えば、家具メーカーは顧客が自宅の中で仮想的に家具を配置してみることができるＡＲアプリを提供することで、消費者の興味を引き、商品の販売を促進することができます。

2 コスト削減と生産性向上の機会

生成ＡＩによるタスクの自動化や補助により、従業員のスキルと能力をより戦略的な目的に集中させることができます。

例えば、広告、マーケティング、メディア業界では、生成ＡＩは広告キャンペーンのコピー、記事、ビデオスクリプトなどのクリエイティブなコンテンツを生成するのに使用されています。これにより、**質の高いコンテンツを効率的に作成し、従業員は戦略的な活動に専念**できます。

このほか、生成ＡＩはビジネスプロセスの改善にも活用できます。ＡＩの分析力や予測能力を利用して、業務プロセスを最適化し、**コスト削減や効率向上を実現**できます。

例えば、製造業では、機械の故障が生産停止や高額な修理費用につながることがあります。生成ＡＩを用いてセンサーデータや過去のメンテナンス履歴を分析し、機械の故障を予測することで、予防的な保全措置を取ることができます。これにより、生産停止のリスクを低減し、メンテナンスコストを削減できます。

いくつかの例からわかるように、**生成ＡＩは労働者の能力拡張、長期的な人材最適化、そしてプロセスの改善によって、コスト削減と生産性の向上を実現する機会を提供します。**企業がＡＩを戦略的に導入し、従業員と共に働くＡＩを活用することで、組織全体で業績の向上につなげることが可能になるのです。

3 リスク軽減の機会とサステナビリティの推進

生成ＡＩは大量のデータを高速かつ正確に分析できるため、リスク予測とリアルタイムモニタリングに役立ちます。金融機関では、生成ＡＩを用いて市場トレンドや顧客の行動を追跡し、**リスク要因を特定しやすく**なります。例えば、異常な取引行動を検知して詐欺を予防する、リアルタイムでのマーケット変動をモニタリングして適切な対応を行うなどです。

セキュリティ対策にも活用されます。システム内の脆弱性を特定するため、ＡＩを用いてハッカーが攻撃を仕掛ける方法を模倣し、**潜在的な攻撃経路を把握**することができます。企業はこれらの脆弱性を修正することでセキュリティを強化し、リスクを軽減できます。

サステナビリティ（持続可能性）の観点で言うと、生成ＡＩは**エネルギー消費の最適化**

や省エネルギーの実現に貢献します。例えば、建物のエネルギー管理にAIを組み込むことで、自動的にエネルギー使用量を最適化し、電力の無駄を減らすことができます。

さらに、発電所や交通システムにおいてもAIによってエネルギー効率を向上させ、持続可能なエネルギー利用を推進できます。廃棄物の分別とリサイクルプロセスの最適化にも応用可能です。

このように、**生成AIはリスク軽減とサステナビリティの両方に貢献する機会を提供します。**企業や組織はこれらの機会を活用し、持続可能性を重視したリスク管理やビジネス運営を進めることが求められます。

生成AIで影響を受ける2つの業界

AIによってさまざまな効果も期待できる一方、このままでは不要になる職種もでてきます。生成AIの台頭で最も影響を受ける業界はどこでしょうか。

ガートナーは、「**コアプロセスをAIモデルで拡張することで影響を受ける業界**」と、「**支援プロセスをAIモデルで拡張することで影響を受ける業界**」の2つに分け、次の各業界を挙げています。

コアプロセスと支援プロセスをAIモデルで拡張するとは、企業の主要業務（コアプロセス）とそれを支える補助的業務（支援プロセス）にＡＩ技術を組み込むことを指します。

1 コアプロセスをＡＩモデルで拡張することで影響を受ける業界

製薬、製造、メディア、建築、インテリアデザイン、エンジニアリング、自動車、航空宇宙、防衛、医療、エレクトロニクス、エネルギー

2 支援プロセスをＡＩモデルで拡張することで影響を受ける業界

マーケティング、デザイン、コーポレートコミュニケーション、トレーニング、ソフトウェアエンジニアリング

この業界一覧を見て、本当に医療やエンジニアなどが代替されるのだろうか、と懐疑的になる人もいるかもしれません。しかし、思い返してみてください。**私たちはこれまで何度も時代の変化によって消えていった仕事を目撃してきたはずです。**

例えば、インターネットの普及は、オンラインストリーミングサービスの登場をもたらしました。これにより、従来のビデオレンタル店の需要が急速に減少し、店員の仕事も減っていきました。

一般社団法人日本映像ソフト協会の「映像ソフト市場規模及びユーザー動向調査２０２

２」によると、映像ソフト市場におけるレンタル市場の割合は、２００７年に３６０４億円だったのが、２０２２年には５７２億円になるなど、約15年で84％も減少しています。ＴＳＵＴＡＹＡで知られるカルチュア・コンビニエンス・クラブ（ＣＣＣ）のレンタル事業の売上高は２０１１年から２０２０年までの10年間で35・９％（49・６億円）減少し、２０２１年７月に発表した中期経営計画では、２０２３年10月期までにレンタル事業から撤退することを表明しました。実際に２０２３年はＴＳＵＴＡＹＡの閉店が相次ぎました。

また、コロナ禍は、ソーシャルディスタンスの規制や集会制限により、消費者の行動変化を引き起こしました。その結果、販売員や窓口業務に従事する人など、対面サービスを提供する人員の必要性が減少しました。

今から約10年前の２０１３年、オックスフォード大学で人工知能の研究を行うマイケル・Ａ・オズボーンは、今後10年から20年でなくなる仕事に関する論文を発表しました。そこでは、**７０２の職種のうち、47％がＡＩに代替されるという予測が記されており、代替される47％には、レストランの案内係・スポーツ審判・弁護士助手・電話のオペレーターといった職種が挙げられていました。**これは「オズボーンレポート」として、世界に衝撃を与えました。

そして10年後の２０２３年、完全に代替されてはいないものの、飲食店への配膳ロボットや、サッカーや野球などの試合へのＡＩ審判導入、問い合わせ窓口へのチャットボット導入など、実際にＡＩが人間の仕事を代替する場面が増えてきています。

こういった事実を踏まえると、先ほどの生成ＡＩの台頭で影響を受ける業界予測は現実的だと言わざるを得ません。ここからは、「コアプロセスと支援プロセスをＡＩモデルで拡張する」とは具体的にどういうことなのか、それぞれ解説していきます。

ＡＩはどのように人間の仕事を代替するのか

コアプロセスをＡＩモデルで拡張する

コアプロセスとは、ある仕事やタスクを行うための主要な手順や流れのことを指します。例えば、自動車の製造工程や、レストランでの料理の作り方などがこれに当たります。これをＡＩモデルで拡張するとは、この主要な手順や流れを、**ＡＩの力を使ってより効率的**

に行う、または賢くすることを意味します。

具体的には、ＡＩが過去のデータや経験を学習して、最適な手順を提案したり、エラーを予測して未然に防ぐようなサポートをしてくれたりするのです。

つまり、コアプロセスをＡＩモデルで拡張するとは、**主役の活動をＡＩが行うことで、もっとうまく、効率的にすること**を指します。例えば、レストランで言えば「どんなメニューを提供するかを考えること」がコアプロセスです。ＡＩが料理のレシピを最適化しながら需要予測を行い材料の仕入れや調達などを効率化し、フードロスを抑えることで、より美味しく、かつリーズナブルに作るサポートをしてくれる様子をイメージしていただけるとよいでしょう。

これにより、従来の人手による業務を補完・強化し、効率性や精度を向上させることが可能です。

具体的には、以下のような方法で可能となります。

■データの自動分析と予測

膨大なデータを高速かつ正確に分析し、トレンドやパターンを把握することができます。これにより、リアルタイムの予測や意思決定が可能になります。例えば、販売データから需要予測を行い、適切な在庫管理を行ったり、顧客行動データから優先的なマーケティング施策を実施したりすることが挙げられます。

■**自動化と効率化**

繰り返しのタスクやルーチンワークを自動化することができます。これにより、人手によるミスを減らし、業務プロセスの効率性を向上させることができます。例えば、請求書の処理を自動化したり、顧客サポートにＡＩチャットボットを導入して簡単な問い合わせに対応させたりすることが挙げられます。

■**個別最適化サービス**

顧客の個別のニーズや好みに合わせたサービスを提供することができます。顧客の購買履歴や行動データを分析し、個別最適化された商品やサービスの提案を行うことで、顧客の満足度を向上させることができます。

これらの方法で、ＡＩモデルをコアプロセスに組み込むことで、**企業や組織は生産性の向上、顧客満足度の向上、コスト削減などの利益を得ることができます。**

支援プロセスをＡＩモデルで拡張する

支援プロセスとは、**主要なタスクをサポートするための補助的な手順や活動のこと**を指します。例えば、オフィスの文書作成をサポートするツールや、学校の宿題をサポートするアプリなどがこれに当たります。これをＡＩモデルで拡張するとは、これらの補助的な手順や活動を、ＡＩの力を使ってさらに便利に、もしくは効果的に処理することを意味します。具体的には、ＡＩがユーザーの好みや習慣を学習して、必要な情報を自動的に提供したり、作業の手間を減らすようなサポートをしてくれたりするのです。

先ほどのようにレストランで例えると、「注文を取ること」や「テーブルをセットすること」が支援プロセスになります。

ＡＩが顧客の好みを学習して、最適なテーブルセッティングを提案するようなイメージです。コアプロセスとの違いは、「ＡＩが主役の活動を助けるか、補助的な活動を助けるか」どうかです。

これにより、**人間の業務を補完し、より効率的で精度の高い支援サービスを提供することが可能**となります。

具体的には、以下のような方法で支援プロセスをＡＩモデルで拡張することができます。

■**自動応答とチャットボット**

顧客や従業員からの問い合わせに自動応答やチャットボットを導入します。ＡＩチャットボットは簡単な質問に対応するだけでなく、より高度な問題にも対応できるように訓練することができます。これにより、サポート部門の負担を軽減し、より迅速かつ正確な対応を実現できます。

■**自動翻訳と多言語対応**

多言語の翻訳やコミュニケーションを自動化します。顧客サポートやコンテンツマーケティングにおいて、顧客と円滑にコミュニケーションを取るためにＡＩによる自動翻訳を活用することができます。

■**データ分析とトラブルシューティング**

大量のデータを分析し、問題やトラブルの原因を特定することができます。特定のパターンや傾向を把握することで、トラブルの早期対応や予防策を立てることができます。

■**パフォーマンス評価と改善**

従業員のパフォーマンス評価を行ったり、業務プロセスの改善ポイントを特定したりすることができます。これにより、効率的なプロセスや従業員のスキル向上を促進することができます。

これらの方法により、ＡＩモデルを支援プロセスに組み込むことで、サポートサービスの質の向上、迅速な対応、業務の効率化が実現できます。

拡大が加速するＡＩで影響を受ける業界

コアプロセス×支援プロセスのメリットとデメリット

細かく見てきたように、コアプロセスと支援プロセスを拡張して掛け合わせることで、多岐にわたる効果をもたらす可能性があります。一方で、影響を受ける業界の範囲は拡大します。

まず、コアプロセスの拡張により、企業のフロントオフィスにおける主要な業務やサービスが向上します。これは、**生産性の向上、効率化、品質の向上**といった形で表れることが多いと記しました。

一方、支援プロセスの拡張は、これらの**コア業務を補完し、強化する機能を提供**することでした。例えば、人事、財務、ＩＴサポートなどバックオフィス業務がこれに該当します。**両者を組み合わせることで、企業全体のパフォーマンスが向上し、全方位的なメリットが期待できます。**このような統合は、組織の持続可能性と競争力を高める重要な要素となります。具体的に下記で紹介しましょう。

■パフォーマンス向上と効率化

コアプロセスの拡張により、主要な業務プロセスがより効率的に実行されます。同時に、支援プロセスの拡張によって、従業員が補助的な業務に時間を費やす必要がなくなります。これにより、従業員はコアプロセスにより集中し、より重要なタスクに専念できるようになります。

■サービスの向上と顧客満足度の向上

コアプロセスを最適化することで、顧客のニーズに合った製品やサービスをより早く提供できます。さらに、支援プロセスの自動化や自動応答により、顧客の問い合わせに迅速かつ正確に対応することができます。これにより、顧客満足度が向上し、顧客ロイヤルティが高まります。

■リスク管理と品質向上

コアプロセスの拡張により、リスクを早期に特定し、適切な対応を行うことができます。同時に、支援プロセスの拡張によって、データ分析やトラブルシューティングが強化されます。これにより、品質管理が向上し、潜在的なリスクを軽減することができます。

■持続可能性と効果的なリソース管理

AIモデルをコアプロセスと支援プロセスの両方に活用することで、より持続可能な運営が実現できます。

しかし、コアプロセスと支援プロセスの拡張を掛け合わせることにはいくつかのデメリットも考えられます。

まずは、**複雑性と実装の難しさ**です。コアプロセスと支援プロセスの両方を同時に拡張する場合、システム全体の複雑性が増す可能性があります。AI技術やシステムの統合は複雑で、正しく設計・実装しないと予期せぬ問題やエラーが発生する可能性があります。

コストとリソースの増加もデメリットとして挙げられます。ＡＩの導入やシステムの拡張には、専門知識を持つエンジニアやデータサイエンティストなどのスキルを持つ人材の雇用やトレーニングが必要です。加えて、適切なハードウェアやソフトウェアの導入にもコストがかかるため、予算やリソースが増加する可能性があります。

文化の変化と受容度の問題もあります。ＡＩ技術の導入により、組織の文化や業務プロセスに変化が生じる可能性があります。従業員や顧客の中には新しい技術やプロセスに対する抵抗感を持つ人もいるかもしれません。

想像してみてください。

全自動化されたレストランで、ロボットが受付から調理、配膳、清掃まで、すべての業務を担当しています。顧客はスマートフォンアプリを使用して注文し、ロボットが料理を調理して提供し、最後に別のロボットがテーブルを片付けてくれるシーンです。果たして、そのレストランに私たちは行きたいと思うでしょうか？

ロボットによる完全な自動化は効率的かもしれませんが、飲食店に行く主な理由の１つは、温かいサービスや人との会話を楽しむためだという人もいます。**ロボットによるサービスでは、感情や人間らしいコミュニケーションが欠如してしまう可能性があります。**

さらに、ロボットによる調理は効率的かもしれませんが、料理のアイデアやクリエイティブな要素、地域ごとの多様性などは失われる可能性があります。

一概にAIを導入すればいいという話ではなく、人々のニーズや価値観などを総合的に考慮しながらトータルでの顧客体験を設計することが重要だということです。

ブルーカラーはAIの影響を受けにくい

生成AIの台頭で影響を受けるのは、業界単位ではありません。**職種単位でも影響の及ぶ範囲は異なります。**

ホワイトカラー、ブルーカラーという職種の区分があります。ホワイトカラーは主にオフィスや事務所などで**知識や情報を活用して働く職種**を指します。一般的に、専門的な知識や技術を持つプロフェッショナル、管理職、コンサルタント、エンジニア、マーケティング担当者、営業職などがホワイトカラーの範疇に含まれます。頭脳労働を行い、コンピューターや情報技術、コミュニケーションスキルなどを駆使して業務に取り組みます。

一方、ブルーカラーは、主に工場や製造現場、建設現場などで**物理的な労働を行う職種**を指します。手作業や機械操作などを通じて、製品の生産や建築、整備、修理などの仕事に従事します。一般的なブルーカラーの職種には、製造工、建設作業員、運転手、農業労働者、清掃員などが含まれます。

今後は、ブルーカラーよりも、ホワイトカラーの方が早期にAIによる影響を受ける可

能性があります。

２０２３年３月、ゴールドマン・サックスは、生成ＡＩが世界で約３億件の正規職の雇用を減少させる恐れがあると指摘しました。特にホワイトカラーの雇用がブルーカラーより危ういとのことです。肉体労働はＡＩに代替されにくいのが理由です。

米国のホワイトカラー雇用はすでに減少傾向です。「ウォール・ストリート・ジャーナル」は、２０２３年３月までの１年間で米国のホワイトカラーの失業者が15万人増加したと報道しました。米国の求人サイト「ジップリクルーター」によると、政策金利が急激に上がった２０２２年６月から11月にかけてホワイトカラーの代表的業種である技術職分野で35・７％、経営職分野で32・２％、法律職分野で31・３％、採用広告が急減したといいます。

ホワイトカラーの「ＡＩ失業」が始まる

２０２３年５月に発表されたＷＥＦ（世界経済フォーラム）の報告書「Future of Jobs Report 2023（仕事の未来レポート）」によると、ＡＩをはじめ、デジタル化、再生可能エネルギー、サプライチェーンの移転といった急成長するトレンドが世界の労働市場に重大な変化をもたらし、**今後５年間で雇用全体の４分の１が影響を受ける**と書かれています。

この調査は、世界45カ国、計1130万人の労働者を雇用している800社超を対象に行ったものです。対象企業は2027年までに6900万人の新規雇用を創出し、8300万人の雇用をやめると予想しています。つまり、**1400万人の雇用が失われる**のです。とりわけ管理業務部門で約2600万人の雇用がAIに取って代わられるとされています。

同じく2023年5月、IBMのCEOであるアービンド・クリシュナは、**AIで代替可能な職種について、数年間は新規採用を停止するとの方針を表明**しました。採用停止の対象は、事務管理部門のバックオフィス業務や人事などの職です。表明当時、IBMの全従業員数は26万人でした。そのうち、採用停止に該当する職種の従業員は約2万6000人いて、今後5年間でその約30%に当たる7800人ほどがAIに代替されるとの見通しを示しました。

まだ実感している人は多くないかもしれませんが、この流れは確実に日本国内にも及ぶでしょう。

ハリウッドでもAIの登場によって、俳優の仕事は「演技」から「AIでスキャンされる」ことになってしまいました。

ある映画会社は、1日の出演料10万円を支払って俳優をスキャンし、そのスキャンされた画像を使う権利を取得しました。**AIで画像を動かせば、企業は最初の10万円で永久に俳優を出演させることが可能になります。**

この状況に対して、米国では「AIを規制しろ！」というストライキが起こっています。2023年には、全米映画テレビ製作者協会（AMPTP）に対して2つのストライキが同時に起こりました。

1つ目は全米脚本家組合（WGA）によるもので、2023年5月から始まり、9月に合意に至るまで148日間続きました。合意の内容は、AIを映画の脚本やストーリーの要約の執筆や修正に使ってはいけないというものです。

また、**もし脚本家がAIで作られた資料を使う場合、その事実は映画制作会社から脚本家に伝えられることが義務付けられています。**これによって、脚本家が自分の脚本がAIによって無断で使われることがないように保護されます。なお、脚本家自身が自分のためにAIを使うことは許されています。

さらに、大規模言語モデル（LLM）やチャットGPTのようなツールで書かれた作品を、脚本家が知らずに編集したり、オリジナル作品を作るよりも安い報酬で使用されたりすることを防ぐ措置も取られました。この合意により、AIの使用に関する透明性も保証されています。

２つ目のストライキは、全米映画俳優組合（ＳＡＧ‐ＡＦＴＲＡ）によるもので、２０２３年7月に始まりました。こちらの主要な争点は、俳優の演技にＡＩを使用することと、ストリーミングサービスで放送される番組や映画に関連する俳優の二次使用料の問題でした。このストライキは１１８日間続き、11月に合意に至り、終了しました。

この２つのストライキは、**著作物に対する意思決定権を個人に取り戻すために行われたもので、今後を占ううえで重要なトピックだった**と考えています。

産業革命期の英国で起こった「ラッダイト運動」

ハリウッドでの動きは産業革命期の19世紀に英国で起こった「ラッダイト運動」という機械の打ち壊し運動にも共通する点が見られます。この運動は、機械の導入によって手工業者や労働者が失業の脅威にさらされ、共同体の解体を恐れたことから起こりました。まさに、**21世紀の「ラッダイト運動」が起き始めているると言ってもよいでしょう。**おそらく自動運転の技術がさらに進化をすると、トラックやタクシーのドライバーでも近い運動が起きる地域が出てくることが予想されます。

ＡＩが人間の仕事を奪ってしまうことをどう規制するのか、人々の尊厳をどう守るのか、といった課題は複雑です。一方で、ＡＩインフルエンサーの登場など、新たなビジネスチャンスも生まれています。「リル・ミケーラ」はインスタグラムのフォロワー約260万人（2024年3月時点）で、プラダなどのラグジュアリーブランドとも契約し、年間14億円も稼いでいます。誰しもが架空のＡＩキャラクターを作ってマネタイズをすることができるのです。

確かに**ＡＩに代替される仕事も出てきますが、ＡＩによって新たに生まれてくる市場にも同じか、それ以上に大きな可能性が秘められています。**

さて、**ここまで大きな変化が起きる中で、翻って日本企業の動きを見ると、ＤＸと同様まだまだ動きが遅いと言わざるを得ません。**生成ＡＩを触って、何ができ、どのように活用していくのかについて現実味が持てていないことが要因ではないかと考えています。

私が、大企業の幹部のみなさんの前で、冒頭に書いたような従業員ゼロ人の超巨大ＢＰＯサービスやペイロールサービス企業が登場し、あっという間に市場を飲み込む可能性があるという話をすると、「そんなスタートアップは買収すればよいのではないか？」と言われることがあります。

もう少し深く掘り下げて考えていくとそんなに悠長に構えていられなくなるはずです。チャットＧＰＴを代表とする生成ＡＩは、多言語対応が容易であり、現に、日本語の対応もできているので最初からグローバル展開前提でのサービス提供が可能なわけです。

つまり、**海外のスタートアップがＡＩを活用して、国内から仕事を奪っていく可能性も充分にあるわけです。むしろ、私自身は国内のスタートアップよりも海外のスタートアップが根こそぎ安価な価格で仕事を奪っていく可能性の方が高い**と考えています。

その証拠に、米国の有名ＶＣであるベンチマークのパートナーであるサラ・タベルは、「AI startups: Sell work, not software（「ＡＩスタートアップ：ソフトウェアではなく、仕事を売れ」というブログを書いて話題になりました。これまでのＳａａＳは、人の業務を助けて生産性を高めるものでしたが、これからのＡＩスタートアップは、仕事そのものを販売する＝ＢＰＯサービスをやるべきだと説いています。

仕事がＡＩによって国外に奪われていく可能性を真剣に検討する必要が出てきているのです。実際に、生成ＡＩを活用したＢＰＯサービスが、この瞬間も世界中でたくさん生まれています。

そのことへのリアリティをより強く持ち、いかに事業でＡＩを使いこなしていけるか……。具体的な方法論については、次の章で考えていきたいと思います。

第3章

生き残るための事業変革

生成ＡＩの時代を生き残るヒントを探る

オープンＡＩが目指す世界

　本章では、生成ＡＩの時代に生き残るために事業をどう変革するかにフォーカスして掘り下げていきます。ヒントを探るうえで重要なことは、新しい時代の競争のルールがどのようなものになるのかをまず理解することです。ヒントは、新しい**生成ＡＩの時代を切り拓いているリーダー企業がＡＩの今後についてどのように考えているのかを知ることで見えてきます。**

　その代表的企業の１社がチャットＧＰＴを開発したオープンＡＩ社です。

　このオープンＡＩのDevDay（デヴデイ）という開発者向けのイベントが２０２３年11月６日に開催され、ここで発表されたさまざまなプロダクトは非常に大きな衝撃を与えました。

　ＧＰＴ‐４ターボは、アップグレードにより、利用可能な情報が２０２３年４月まで

図表3-1　OPEN AIが開発する商品

サービス名	概要
GPT-4 Turbo	2023年4月までの情報を含むアップグレード版。コンテキストの長さが最大12万8,000トークン（約300ページの本に相当）まで対応
Whisper v3	高度な音声認識機能を提供するAPI
Text2Speech API	自然で高精度な文章の読み上げ機能を提供するAPI
GPTs	ユーザーがカスタマイズしたオリジナルのGPTを作成し、GPT Storeを通じて販売することが可能。多様なユースケースに対応する新たなエコシステムの構築
Assistants API	ユーザーが自身で構築したアプリケーションにAIアシスタントの機能を簡単に追加できる機能を提供。自然言語入力に基づいてさまざまなタスクを実行可能

出所：カイゼン・プラットフォーム

に拡張されました。さらに、コンテキストの長さも大幅に増加し、最大12万8000トークン（英語では約300ページの本に相当）まで対応可能になっています。これにより、これまで以上に多くの文脈を取り込むことができ、その結果、**回答の精度が劇的に向上することが期待**されます。

さらに、より高度な音声認識機能を提供するAPIのWhisper v3（ウィスパーVスリー）や、自然で高精度な文章の読み上げ機能を提供するText2Speech（テキストツースピーチ）のAPIにより、音声を聞き取り、回答を読み上げることで、より自然な会話を生成するAIとの対話が可能になります。

ユーザー自身がカスタマイズしたオリジナルのGPTを作成できるGPTs（ジーピーティーズ）のほか、GPT Store（ジーピーティー・ストア）を通じて、カスタマイズしたGPTをリリースし、販売することも可能です。これにより、多くの開発者が集まり、さまざまなユースケースに対応する独自のGPTを開発することで、**新たなエコシステムが構築されるでしょう。**

これだけでは終わりません。Assistants（アシスタンツ）APIは、ユーザーが自身で構築したアプリケーションに、AIアシスタントの機能を簡単に追加できる機能を提供します。これにより、ユーザーは自然言語入力に基づいて、複数のタスクを実行できるようになります。これらの機能群は、オープンAIが今後どのような方向で自社の製品を展開していくかのビジョンを示しています。

「検索」が面倒になる人々

コンピューターの操作を可能にする基本制御システムとして、いままでOS（オペレーティングシステム）が重要な役割を果たしてきました。中でも、人と機械との接点となるUI（ユーザーインターフェース）は、この分野の核心をなしています。特に注目されるのは、スティーブ・ジョブズがマッキントッシュに導入したGUI（グラフィカルユーザーインターフェース）です。この技術は、ウインドウズPCから現代のスマートフォンに至るまで、多岐にわたるソフトウェアをアイコン化し、タッチやマウスクリックによる操作を可能にしました。

革新的な技術進化により、プログラミング言語を理解しないユーザーでも、直感的にコンピューターを操作できるようになりました。そして、**オープンAIが開発したチャットGPTは、UIとOSの概念を再定義するものとも言えます。**

オープンＡＩがデヴデイで披露した製品群は、ＡＩがエージェントとして機能し、さまざまなデバイスやインターネットブラウザ、ソフトウェアを操作する未来像を描いています。また、テキスト、音声、画像、映像、多様なファイル形式を扱うことができるマルチモーダルなインターフェースの実現を目指しています。

この技術の進展により、例えばコールセンターでの音声対話が可能になったり、スマートフォンから商品の画像を送信して検索や購入、予約を行ったり、ＭＲ（複合現実）ゴーグルを通して機械の操作方法を教えるなど、多様なエージェントとしての活躍が期待されます。

クリエイティブファーム THE GUILD の代表、深津貴之さんはこれを「オペレーティング・エージェント」と称しています。**この変化は単にシステムやソフトウェアの操作だけでなく、実行までを含む大きな変革です。**

これにより、ユーザーはこれまでにない新しい方法で情報を検索し、対話することができます。従来の検索エンジンを使用する体験と比べ、より直感的で、多様な方法で情報に

図表 3-2　**オペレーティング・エージェントの世界**

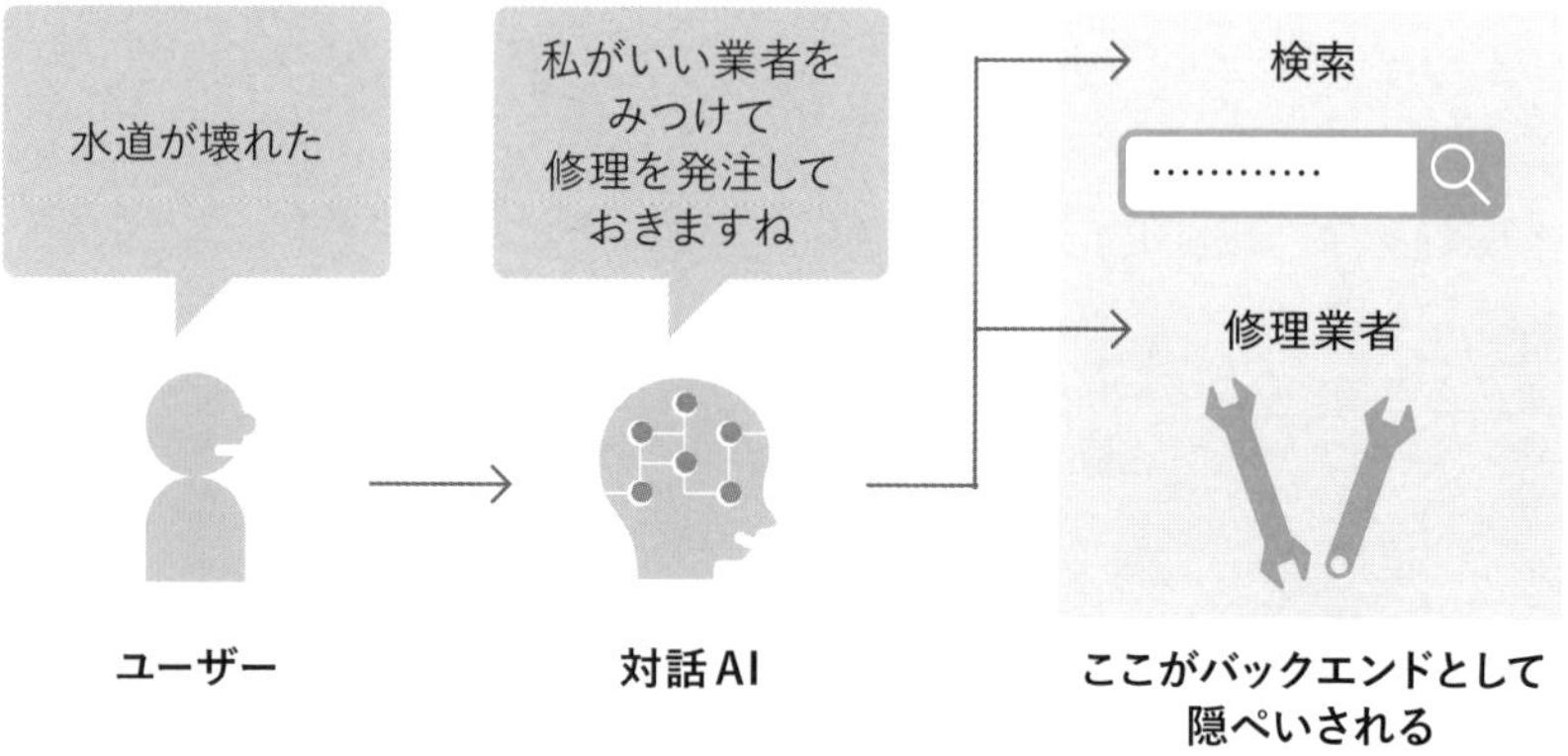
水道が壊れた
私がいい業者を
みつけて
修理を発注して
おきますね
検索
修理業者
ユーザー
対話AI
ここがバックエンドとして
隠ぺいされる

出所：深津貴之のnote「オペレーティング・システムからオペレーティング・エージェントへ」を基に作成

アクセスし、タスクを実行することが可能になります（図表３-２）。

今までの検索では、ユーザーが自身で検索結果を踏まえて適切なページを選び、希望する情報を見つけたところで、必要なアクションを取らなければなりませんでした。しかし、ＡＩをエージェントとして利用することで、**検索だけでなく、必要なアクションもＡＩが代行**するようになります。

私たちの世代は、グーグルなどの検索エンジンの登場によって便利さを感じましたが、ＡＩネイティブ世代（生まれた時からＡＩが当たり前の存在である世代）にとっては、かつての**検索作業が面倒だと捉えられる時代**が訪れつつあるのです。

生き残りのキーワードは「ドメイン知識」

百聞は一体験にしかず

生成ＡＩの代表、チャットＧＰＴは例えるなら、ハーバード大学出身で50カ国語を話せる優秀な新入社員です。しかし、**いきなり即戦力になり得るかと言えばそうではありません。**即戦力になるためには、その業界や領域に関する知識や商習慣、職種に関する業務理解や関係性の理解を持っている必要があります。ソフトウェア工学の用語で言うとそれは「ドメイン知識」です。

ドメイン知識とは、特定の領域や分野に関する専門的な知識や理解のことを指し、ある特定の分野において必要とされる情報、概念、用語、プロセス、ルールなどが含まれます。この知識は、各分野において意思決定を行ったり、問題を解決したりするために必要な基盤となります。

特に、ＡＩや機械学習などの技術を活用する場合、その分野に関するドメイン知識を持つことは非常に重要です。例えば、医療ＡＩを開発する際には医学の知識が必要であり、

図表3-3　ドメイン知識の使い方

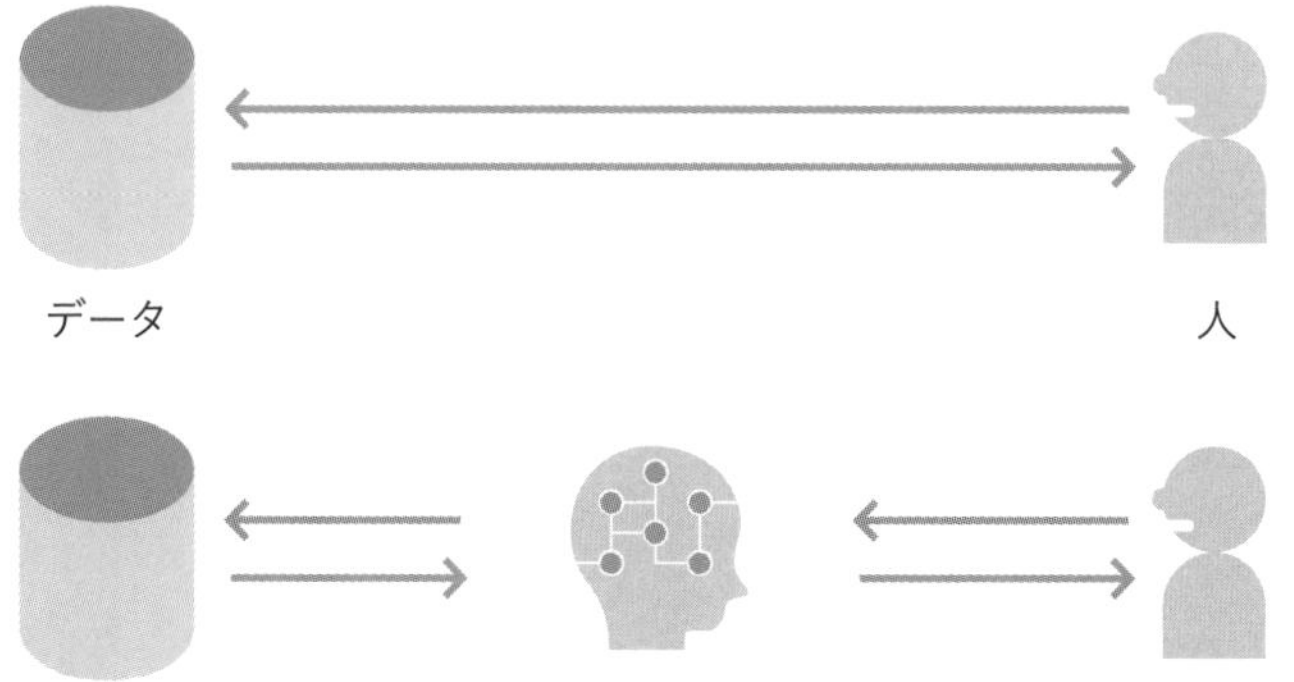

出所：カイゼン・プラットフォーム

金融ＡＩを開発する際には金融の知識が欠かせません。**技術とドメイン知識を組み合わせることで、現実の課題に対してより効果的な解決策を提示できるようになります。**

そのため、単にＡＩを導入するだけではなく、ドメイン知識をどうＡＩに教えるか、トレーニングさせるかが大事になります。

そんなドメイン知識を生成ＡＩに学習させる方法にＲＡＧ（Retrieval-Augmented Generation）という技術があります。ＲＡＧは、ＡＩの生成モデルに外部の情報を取り込み、より正確な回答や情報を生成する技術です。生成ＡＩモデルの精度と信頼性を向上させ、誤回答を減少させるために利用されます。具体的には、外部の知識源からデータを取得し、それを生成モデルに組み込み、より適切な回答や文書を生成します。

このＲＡＧを使って、私たちはそれぞれの企業でその企業特有のデータを生成ＡＩに学習させた、独自の

図表3-4 リスクが低いものからAIに使わせる

リスクが低いデータ	判断が必要なデータ	扱いを慎重に考えるべきデータ
・すでに公開されている情報 ・IR 情報 ・採用情報 ・事例 ・FAQ ・営業資料 など	・売上情報 ・効果情報 ・社内マニュアルや規定 ・情報そのものの真偽や精度がわかりづらいもの など	・個人情報 ・法的規制がある情報 ・著作権に関わるもの ・金融や医療に関連する情報 など

出所:カイゼン・プラットフォーム

AIのモックを提供するということを始めました。このモックを触るとたいていの企業で「こんなこともできるんですか?」と驚かれます。

ドメイン知識を学習させた生成AIを実際に触ってみると、これができるのであれば、あんなこともできる、こんなこともできるというユースケースがすぐにたくさん思い浮かんで来ます。

百聞は一見にしかずと言われますが、まさに百聞は一体験にしかずです。

自社独自のユニークなデータ＝ドメイン知識×その企業ならではの強み

を人間だけに使わせるのか、それともAIにも触らせるのかという判断に、AIドリブン経営の実現に向けた最初の大きな論点があるということになります。

例えば、ある企業は社内の規定や業務フロー、過去の事例などの情報をＡＩに学習させることで、その企業のコーポレートスタッフが全社からの問い合わせに回答する時間を大きく削減するという取り組みを始めています。前ページの図表３‐４にまとめましたが、**よりリスクが低いものから随時ＡＩに扱わせ、対応していくというのがスピードを早めるうえでも重要**でしょう。

ＡＩは個人の創造性を最大化する

「Captions（キャプションズ）」というＡＩを活用したスマホの動画編集アプリがあります。このアプリには、動画内の音声を自動的に字幕化する機能があります。さらに、翻訳機能も備えており、字幕を別の言語に翻訳することも可能です。

例えば、「私の名前は須藤憲司です。カイゼン・プラットフォームという会社の代表取締役をしています。私たちは企業のデジタルトランスフォーメーションを支援しています」といった自己紹介動画を撮影するだけで、日本語音声と日本語字幕の動画だけでなく、英語音声と英訳字幕の動画や、スペイン語音声とスペイン語訳字幕の動画なども同時に作ることができます。

自分の声で、たった5分で、多言語に対応した自己紹介動画が制作できてしまうのです。

このように、ますますＡＩによって言語の壁は取り払われていきます。そうなると、個の創造性を大きく広げることができますが、一方で「〇カ国語が話せます」「翻訳ができます」といったスキルセットはさほど価値を持たなくなる可能性が高いと言えます。

ここで重要になってくるのが、話す内容の専門性です。キャプションズのようなツールが出てきても、「便利だけれど、話す内容がありません」だと、役に立ちません。**だからこそ、ドメイン知識が重要なのです。**

生成ＡＩは、１人では難しかった創造性の発揮を助けることが可能です。キャプションズは、撮影した動画を翻訳し、自分の声で多言語化し、多言語のキャプションを自動で付与し、ＢＧＭもＡＩで生成してくれます。**動画の翻訳、多言語ナレーション、高度な編集の3つの仕事を代替してくれるのです。これが1台のスマホで、しかも数分でできてしまうのです。**

生成ＡＩに関してある大手ゲーム会社の役員の方と話していた折、面白いことをうかがいました。最近のゲーム開発や映画や映像作品なども、数億、数十億、数百億と大規模なプロジェクトになってきており、プロジェクトに携わる人数も数百人単位になることも珍しくないようです。

そういう大規模プロジェクトを見ていると、どうしても監督やプロデューサーの作家性の角が取れていく傾向があるというのです。プロジェクトの規模が大きくなるということは多くの人の目をどうしても通るため、エッジが少しずつ削れてしまう。**生成AIで1人でゲームや映画や映像作品が作れるようになったら、エンタメの世界でいうと作品の多様性が広がるはずで、そこに注目されている**とのことでした。

これはまさに、生成AIが個人の創造性を最大化するというユースケースの1つかもしれません。エヌビディアというAIを動かすためのGPU（Graphics Processing Unit＝グラフィックス処理ユニット）と呼ぶチップを作っているメーカーのCEOのジェン・スン・ファンが台湾の大学で講演した時に、「**現代のアインシュタインやダ・ヴィンチがライフワークを行うのを手助けするのが当社の目的だ**」と話しています。

これがまさに、個人の創造性を最大化し、少人数あるいはたった1人の天才が大人数の組織を打ち破るような偉業を成し遂げることを助けるということに他なりません。

エヌビディアはオープンAIと並んで、8割以上のシェアを持つAI市場のキープレイヤーです。そのリーダーが、どういう未来を描いているのかを知ることはAIの未来を知るための大きなヒントです。

多くの経営者と話していて、最近の生成AIの論調は仕事術のようなものが溢れているせいか、AIは多くの人の生産性の底上げだけに効くと考えてしまいがちです。もちろんそういった側面もあるのは事実ですが、「**少数の天才たちが多くのことをできるようにな**

る技術である」という側面を忘れてはいけないでしょう。

そして、**この現代のアインシュタインやダ・ヴィンチが自社の中に隠れているかもしれないということをどれだけ真剣に考えていくのか、が経営としてとても重要です。**

第1章で、私自身がルンバを購入してから、ルンバが掃除しやすいように床に物を置かない生活スタイルになったとお伝えしました。同様に、ＡＩとそれを最大限に引き出す現代の天才が、仕事をしやすいように、どのように仕事のスタイルを変えていくのか、がこれからの経営にかかわる論点と言えるはずです。

3つの「ユースケース発想法」

ドメイン知識を活用したＡＩによるＵＸ提供

ドメイン知識を活用し、ＡＩを導入したＵＸ（顧客体験）を提供しようとする場合、どのようなアプローチを取ればよいのでしょうか。**ここで、3つの「ユースケース発想法」**

をご紹介します（図表3‐5）。

1つ目は「AI活用タイミング（When）」、2つ目は「AI活用目的（Why）」、そして3つ目は「AI活用プロセス（How）」です。発想するにあたっては、これら3つのどこからアプローチしても問題ありません。具体的に見ていきましょう。

1 AI活用タイミング（When）——いつ使うとよいか？

AIを活用するタイミングは、カスタマージャーニーなどで網羅的に洗い出すことにより、発想が広がります。旅行を例に挙げて説明しましょう。

「認知→比較検討→旅行先決定・手配→訪問→共有」という情報があったとして、これを基に、カスタマージャーニーのどの部分にAIが活用できるのかを考えていきます。

旅行予約サイト「じゃらんnet」が2023年5月に発表した「AIチャットでご提案」機能は、「認知→比較検討→旅行先決定・手配」の部分にAIを導入しました。AIチャットに「来週末、家族3人で温泉宿に1泊したい。東京から車で2時間、海鮮が美味しいところ」と入力すると、宿の候補をいくつか出してくれ、そのまま予約することができます。

図表3-5　ユースケースの発想法

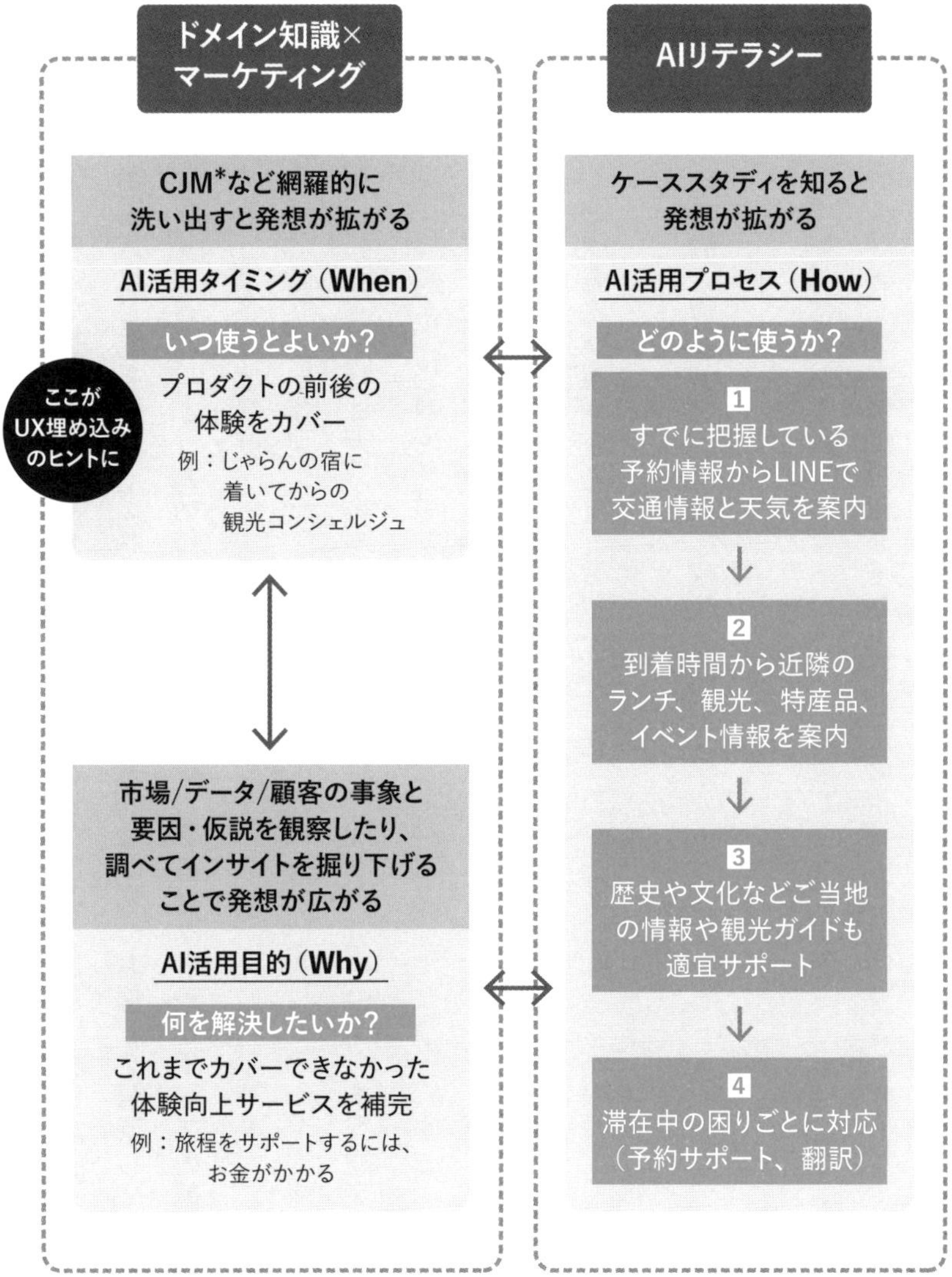
ドメイン知識×マーケティング
CJM*など網羅的に洗い出すと発想が拡がる
AI活用タイミング（When）
いつ使うとよいか？
プロダクトの前後の体験をカバー
例：じゃらんの宿に着いてからの観光コンシェルジュ
ここがUX埋め込みのヒントに
市場/データ/顧客の事象と要因・仮説を観察したり、調べてインサイトを掘り下げることで発想が広がる
AI活用目的（Why）
何を解決したいか？
これまでカバーできなかった体験向上サービスを補完
例：旅程をサポートするには、お金がかかる
AIリテラシー
ケーススタディを知ると発想が拡がる
AI活用プロセス（How）
どのように使うか？
1
すでに把握している予約情報からLINEで交通情報と天気を案内
2
到着時間から近隣のランチ、観光、特産品、イベント情報を案内
3
歴史や文化などご当地の情報や観光ガイドも適宜サポート
4
滞在中の困りごとに対応（予約サポート、翻訳）

*CJM：カスタマージャーニーマップ

出所：カイゼン・プラットフォーム

しかし、「認知→比較検討→旅行先決定・手配」は「じゃらんnet」がもともと提供していた領域なので、**そこにAIを導入したということになります。確かにAIの導入はしたものの、これだけでは、本質的な顧客のお悩みを解消していることにはなりません。より大切になってくるのは、プロダクトやサービスの前後の体験をカバーすることです。**

例えば、「訪問」の部分を考えてみましょう。すでに把握している予約情報からLINEで交通情報と天気を案内したり、到着時間から近隣のランチ、観光、特産品、イベント情報を案内したりといったことが、AIを旅のコンシェルジュとして導入することで可能になるのではないでしょうか。

このように、**自分たちのプロダクトやサービスのカスタマージャーニーを拡張するという発想も大切**です。

2

AI活用目的（Why）——何を解決したいか？

AIで解決する課題は、市場・データ・顧客の事象の要因・仮説を観察したり、調べたりすることでインサイトを掘り下げると発想が広がります。

例えば、旅行時に、本当にサポートが必要なのはどこでしょうか。グーグル・ジャパンが公開した2023年の旅行動向に関する記事によると、国内1人旅では、「サポートが充実した環境で旅を満喫したい」というニーズが高いそうです。

こういった人に対して、観光スポット巡りのモデルコースや所要時間を案内すれば、満足度が上がります。しかし、その案内を人間のツアーガイドなどが担えば、調査時間を含め、かなりのコストがかかってしまいます。

調査・案内にAIを活用すれば、**これまではコストが理由で実現できなかったことも、低コストで実現できます。**これにより、サービス体験の向上をさらに補完できる可能性があります。

3 AI活用プロセス（How）——どのように使うか？

AIをどのようなプロセスで活用するかを考える際には、ケーススタディや事例をたくさん知っておくと発想が広がります。

観光業界でのAI活用を例に説明しましょう。

石川県小松市では、訪日外国人観光客の増加と、2024年3月の北陸新幹線小松駅の開業に向けて、チャットボットを活用してきました。このチャットボットは、小松空港に設置されたデジタルサイネージを通じて、観光客にサービスを提供しています。

観光客からのアンケートを基に、おすすめの観光地や交通情報などを案内しています。ここでのアンケートのデータは小松市が集計しており、これを使って観光の推進策を考えています。

こうした具体例を少しでも知っていると、旅行サービス提供時のAI活用について、「到着予定時間を基に、近くのランチスポットや観光地、地域の特産品、イベントの情報を提供する」「その地域の歴史や文化についての情報を提供し、観光ガイドのようにサポートする」といった活用例が考えられるようになります。

AIによるサービス改善と顧客体験の最適化

現在、多数のＡＩ機能を搭載したサービスがリリースされています。その中でも参考となるＵＸ事例を紹介します。

２０２３年5月に集英社「少年ジャンプ＋」編集部とアル株式会社が共同でリリースした、「Comic-Copilot（コミック・コパイロット）」という、漫画制作サポートＡＩサービスがあります。このサービスは、「テーマを一緒に考えたい」「キャラクター名を考えて」などの漫画制作において必要なメニューの中から使いたい機能を選ぶだけで、漫画制作で滞りがちなアイデア出しなどに際し、ＡＩが壁打ち相手になってサポートしてくれるものです。これは、**漫画を描きたいと思った人の抱える「漫画制作でつまずくポイントをサポートしてほしい」というペイン（悩み）を解消**しています。

２０２３年7月にハイクラス層向けの転職スカウトサービス「ビズリーチ」がリリースした、生成ＡＩによる職務経歴書の作成機能も好事例として挙げられます。読者も経験があると思いますが、職務経歴書の作成は時間がかかる作業です。しかし、チャットＧＰＴと連携したこの機能は、最短30秒で情報が網羅された質の良い職務経歴書を自動作成することができます。これは**「面倒くさい」「何を書いていいかわからない」というユーザーのペインを解消**しました。

それだけではありません。これは投資対効果を最大化させた事例でもあります。ビズリーチは、エージェントからの紹介成果報酬が収益を生み出すキャッシュポイントの１つです。つまり、スカウト数が伸びると儲かるのですが、そのためには良質な職務経歴書が増えることが重要です。**ＡＩによってユーザーのペインを解消するだけでなく、結果的に利益を生むこともできたのです。**

ＡＩを本質的な意味で使いこなすためには、ユーザーの内側に隠れている本音と、自社のビジネスに対する理解、その接点に当てはまるサービスを提供することが極めて大事なのです。

AI時代に生き残る事業とは何か？

世界最大のテクノロジー見本市「CES2024」から

2024年1月にラスベガスで開催された世界最大のテクノロジー見本市「CES 2024」では、AIが主要なトレンドとなり、多くの企業がAI技術を搭載したプロダクトを展示しました。**AIはエンタープライズ市場から日常生活に至るまで普及し、個人にカスタマイズされた技術が特に注目**されました。

例えば、最先端の運転支援技術と会話型AIアシスタントを搭載した、ソニーとホンダの共同開発による電気自動車「AFEELA（アフィーラ）」。

AIアルゴリズムとスマートセンサーを搭載した独自の「ニューラルファイヤー」と呼ばれる技術を採用し、900度の赤外線バーナーで90秒以内にシェフレベルの料理に仕上げる、Seer Grill（シアー・グリル）が開発したグリル。

ロレアルが発表した、生成AIを活用した革新的なビューティーアドバイザー「Beauty Genius（ビューティー・ジーニアス）」や、ポケットサイズのパーソナルアシス

図表3-6　**破壊的新技術の採用率**

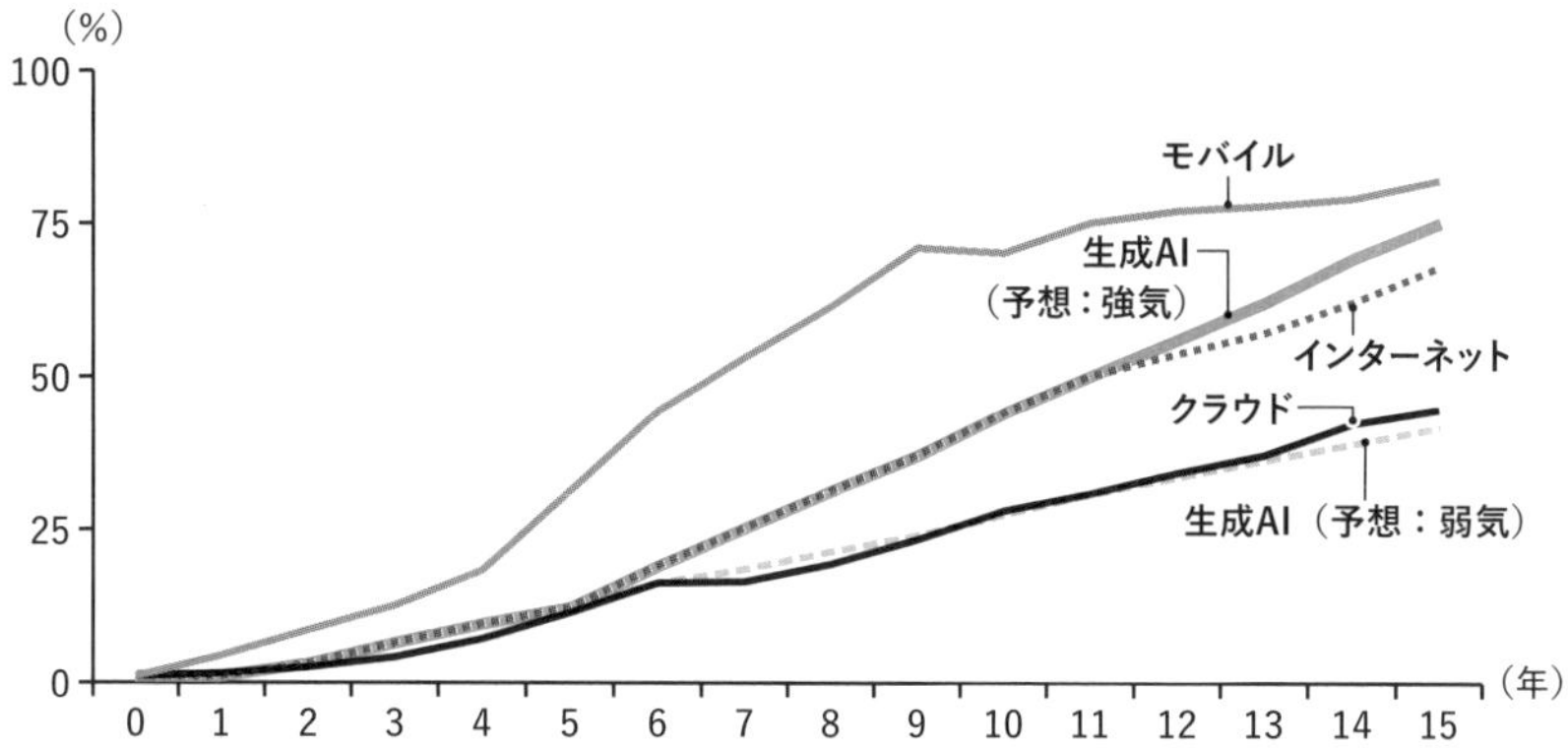

出所：メンロ・ベンチャーズ

タント「rabbit r1（ラビットｒ１）」も登場しました。これはスマートフォンでアプリを開いたり、コンピューターを使用したりする代わりに声で操作できるデバイスです。

「ＣＥＳ ２０２４」では盛り上がりを見せた生成ＡＩですが、実際のところどのくらい普及しているのでしょうか。メンロ・ベンチャーズのレポート「2023：The State of Generative AI in the Enterprise（企業での生成ＡＩ動向）」から、生成ＡＩの普及率に関する予測を見てみましょう。

図表３‐６は、インターネット、モバイル、クラウドなどの技術がどのようにして広く採用されてきたかを示し、同レポートではそのデータを基に、**生成ＡＩが将来どれくらい普及するかを予測しています。** 基本的なシナリオと強気なシナリオ、この２つの観点から将来の採用率が描かれています。

クラウド技術は市場導入から10年で企業ソフトウェ

ア支出で30％の普及率を占めるようになりました。一方でインターネットは45％の普及率を達成し、モバイルはそれを上回り、ほぼ80％の普及率に至りました。そこからは、**新技術の採用は時間とともに速くなる傾向にあることが読み取れます。**

生成ＡＩに関しても、時間が経つにつれてその採用率は徐々に増加すると見られていますが、初期の段階では採用がゆっくりと進むと予測されています。長期的には、特に強気なシナリオでは、その採用率は大幅に伸びると予想されています。

個人的な見解としては、消費者向けプロダクトへのＡＩの搭載は急速に普及するものの、企業向けのＡＩは最初は慎重に進み、活用事例と共に加速度的に拡がりを見せることで、10年で約50％程度の普及率になるのではないかと考えています。

投資によるリターンの不確実性が導入を躊躇させる

同じくメンロ・ベンチャーズの「企業が生成ＡＩを導入する際に直面する主な障害に関する調査」（図表3‐7）によると、**「投資対効果がわからない」という点が、最大の障害**として挙げられています。企業の大半がＡＩへの投資によるリターンが不確実であると感じており、これが導入を躊躇《ちゅうちょ》させる大きな要因になっています。

「データプライバシー」に関する懸念も同じくらい重要で、企業の約半数が顧客情報の保

図表3-7　**生成AI導入の障壁**

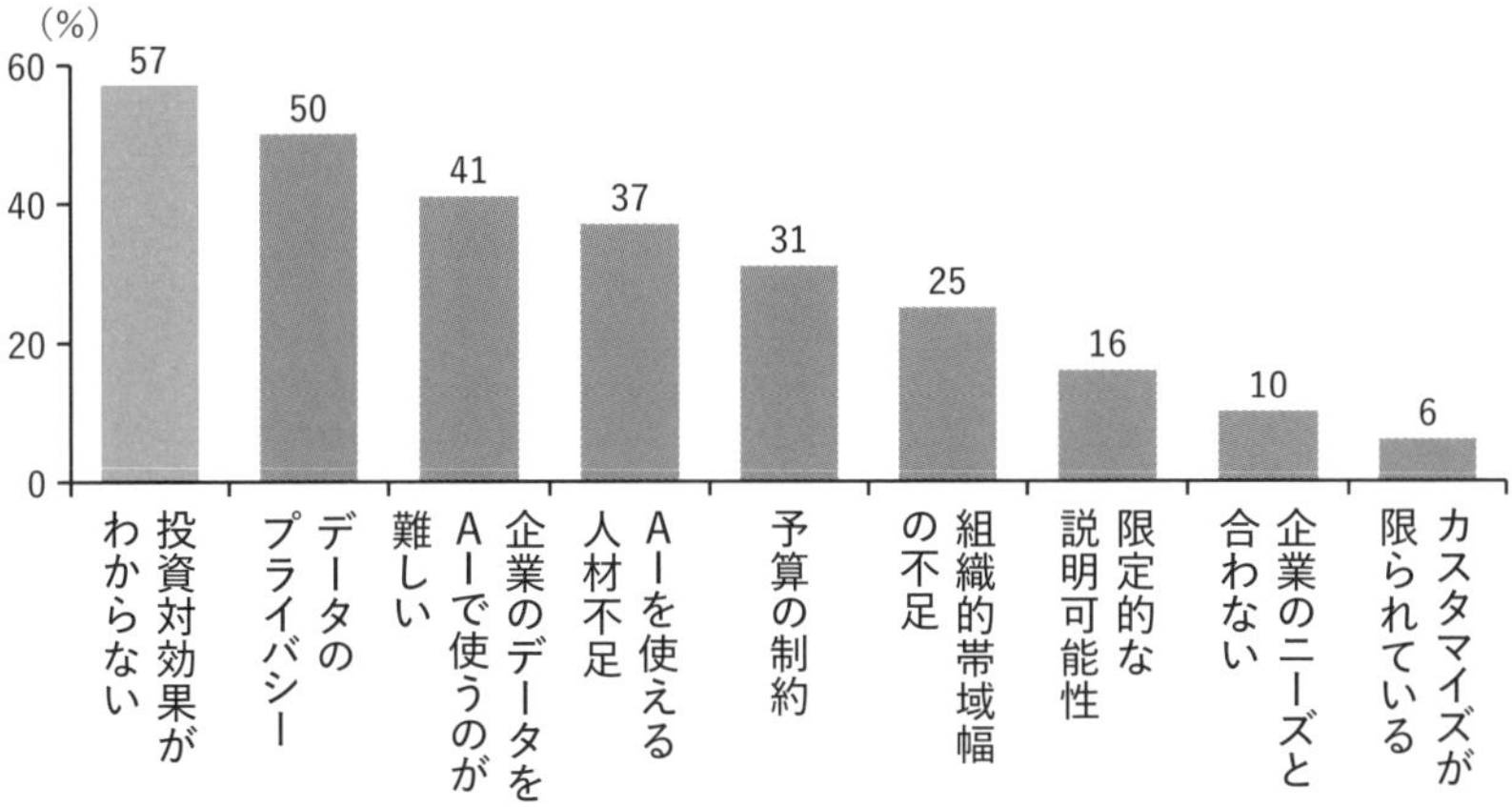

出所：メンロ・ベンチャーズ

護を重要視しているという点が見えてきます。

４割以上の企業が「企業データをＡＩで活用することの難しさ」を課題と感じており、ＡＩ導入に向けた人材不足も同様に多くの企業が指摘しています。

予算の制約もまた、ＡＩ技術への投資を妨げる一因となり、ＡＩを活用するための体制やリソースが足りないという問題も４分の１の企業が経験していることがわかります。

ただし、これらはクラウドがオンプレミスの市場を塗り替えていったのと同じような構造で予測された数字であることに着目しておく必要があります。

第１章でお伝えした通り、このＡＩは、単なるＩＴ費用の置き換えではありません。**企業の中で大きなコストウエイトを占める人件費という巨大なコスト削減対象を忘れないようにしないといけ**

ません。ある業務や部門がＡＩで置き換えられるとなると、ここの枠は途端に広がるはずです。対応しなければ、同業界のコスト効率が全く異なる企業が登場してきた際に、敗北してしまいます。

つまり、国内ＡＩの導入に関しては、これらの課題となるであろう①コストシフトの場所を明確にしたうえで投資収益率を試算し、②データプライバシーを強化し、③ＡＩの利用方法を単純化し、④ＡＩ導入に向けたリソース確保に注力することが、特に重要な論点になってくるということになります。

既存の事業をどのように再考すべきか

続いてＡＩドリブンな事業を構築するうえであるべき組織や経営について考えていきたいと思いますが、まずＡＩ時代に生き残る事業について改めて考えてみます。生成ＡＩの導入を検討する前に、まずは既存のビジネスにＡＩが与える影響を見ていきましょう。

マッキンゼーのレポートによると、ビジネス職では、営業・マーケティング・顧客対応業務が生成ＡＩによる価値の大半を占めるとされています。

図表３‐８の縦軸は「生み出す価値」を、横軸は「業務全体に対する価値の割合（%）」を表しており、**生成ＡＩによって生み出される価値は最大で約５０００億ドル、日本円で**

図表 3-8 **ビジネス職では、営業・マーケティング・顧客対応業務が生成AIによる価値の大半を占める**

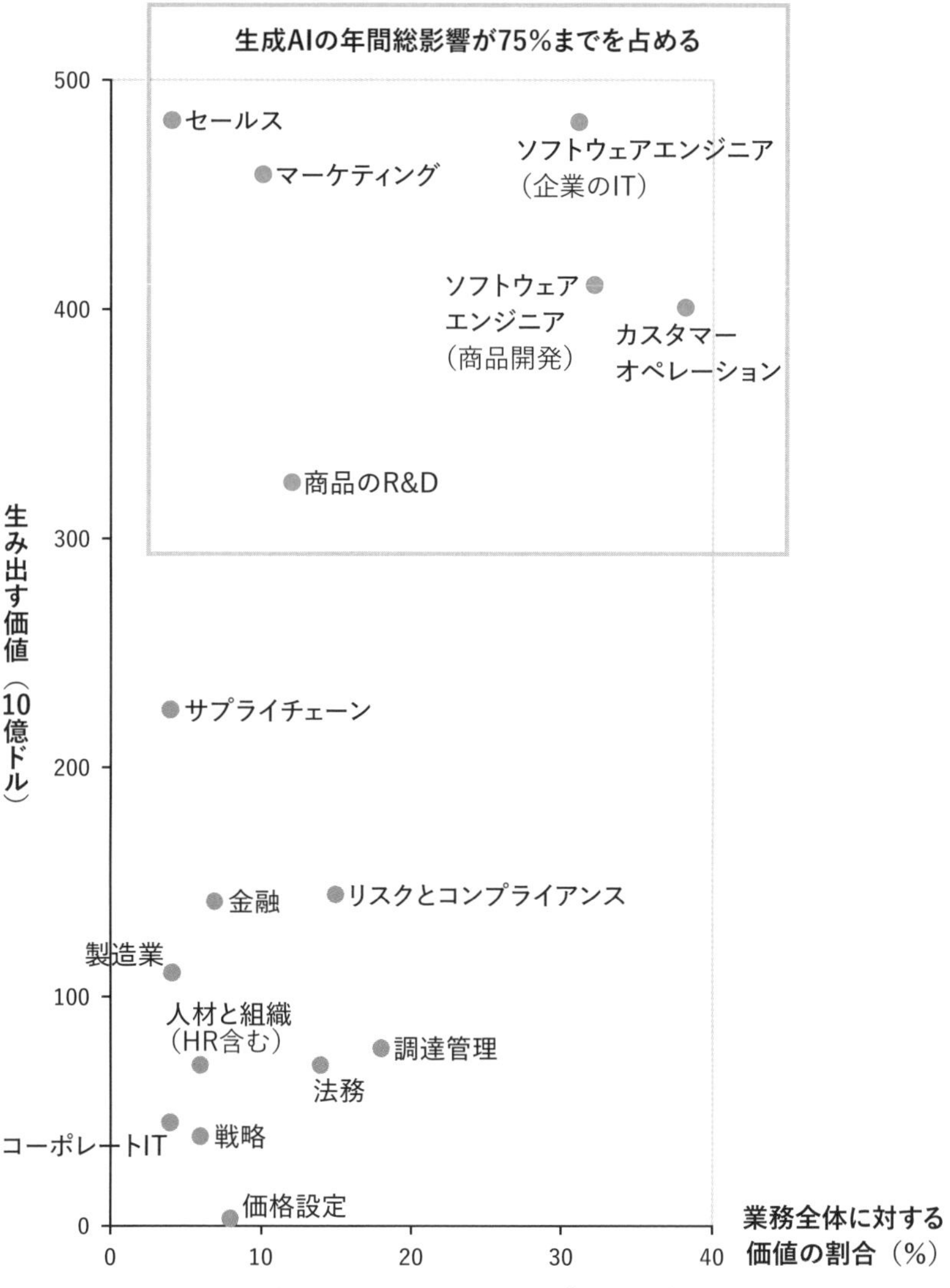

出所：マッキンゼー・アンド・カンパニー「生成AIの経済的可能性：次の生産性フロンティア」

約75兆円にもなる可能性があります。

ＡＩをいろんな業務に使えば使うほど、そのメリットは大きくなります。例えば、業務の40％をＡＩで行うことができたら、とても効果的です。ＡＩを活用できる仕事には、電話での顧客対応やソフトウェア開発などがあります。

昨今は、コンピュータープログラムを作る人材が足りないため、ＡＩにコードを書かせることもできます。さらに、会社のＩＴ部門、新しい製品の開発、研究開発、マーケティングや販売の仕事でも、約10％くらいの仕事をＡＩで代用できると考えられています。現状の業務をしっかり分析すると、ＡＩを使って効率化できる仕事がたくさんあることがわかります。このような発見は、**ビジネスのやり方を変えて、新しい価値を作る可能性**があります。

参考までに、職種別のＡＩ活用ケースを図表３‐９にまとめてみました。ここにある業務は生成ＡＩを導入することで効率化が期待できます。

例えば、広告のキャッチコピーを作る際にＡＩを使うと、短時間で多くの案を作ることができます。人間が１００案考えるのには何時間もかかるかもしれませんが、ＡＩなら数分で多くの案を出すことが可能です。さらに、ＡＩは顧客ごとに合わせた内容を作成し、どの内容が最も効果的かを簡単に判断できます。

図表3-9　**職種別生成AIの活用ケース例**

営業	提案・商談	商品説明・交渉シナリオ準備・顧客リスト作成・顧客メール作成・商談のロールプレイング
	ドキュメント作成	セールスレポート・電話スクリプト・製品カタログ・提案書・プレゼン資料の作成
	戦略・分析	競合分析・顧客FB分析・市場トレンド調査・商談戦略策定
マーケ／CS	コンテンツ生成	広告コピー・SNS投稿・ニュースレター・ABテストシナリオ・顧客セグメント分析・SEOキーワードの生成
	ジャーニー施策検討	イベント・キャンペーン・顧客調査手法・販促施策のアイデア出し／たたき台作り
	顧客対応	ユーザーインタビューの設計・FAQ・ユーザーガイド・レビュー応答のスクリプトの生成
企画	企画立案	新事業（新商品）のコンセプトの壁打ち・ペルソナ・モック・イメージビジュアル・企画書作成
	プロジェクト管理	事業計画書・ロードマップ・タスクリスト・議事録の作成・KPIの設定
	調査・レポート	市場調査・SWOT分析・各種報告書作成
コーポレート	トレーニング	オンボーディング資料・研修プラン・研修コンテンツ作成・セミナー企画
	社内広報・事務	社内報・社内広報メール作成・各種FAQやガイドライン作成・手続きの自動化・イベント準備
	採用・採用広報	求人情報・採用イベントの準備・経歴書チェック・面談準備

記載は一例であり他にもさまざまな活用ケースがある

出所：カイゼン・プラットフォーム

広告の内容作成から効果分析、さらにはレポート作成まで、ＡＩによって一連の流れを行うことができます。これにより、広告関連の作業を大幅に減らすことが可能になります。**このようにＡＩの活用によって、広告業務の時間と労力を大きく節約することができるのです。**

ほかにも、市場調査の分野でＡＩを導入することにより、時間とコストを節約し、より詳細なインサイトと迅速な意思決定が可能になります。ＡＩを使うことで、トレンドや消費者の行動、競合他社の動きなどの情報を集めたり、市場のニーズや将来のトレンドを予測したり、市場の動向をリアルタイムで分析したりすることができます。また、予測モデルを作成する作業もＡＩに任せることができます。これにより、市場調査の効率と品質が向上し、ビジネスにおけるより良い意思決定につながります。

ＡＩに取って代わられないサービスとは何か

ＡＩと人間の役割について考えていくときに、それぞれの得意分野を知っておくことは大切です。ＡＩは、同じことを繰り返す作業や、難しい問題を解決するのが得意です。大量のデータを分析したり、複雑な計算を行ったりする場面で威力を発揮します。これは、例えばＧＰＴ-４が持っている強みの１つでもあります。**しかし、これらの作業はビジネスにおいてはただの手段であって、最終的なゴールではありません。収益を最大化していくためには、これらの手段を組み合わせていく必要があります。**

一方で、人間の能力には現時点でのＡＩの力では安定して再現することが難しいものもあります。それは、感性や創造性、独自の視点を持って、新たな問題を見つけ出すことです。**人間は、単にデータを処理するだけでなく、それに意味を与え、新しいアイデアを生み出すことができます。**

例えばマーケティングの分野を考えてみましょう。ＡＩは市場調査のデータを分析して、新しい市場のトレンドを見つけ出すことができます。**ＡＩはデータを処理しパターンを識別することが得意ですが、そのデータから新たなビジネス機会を発見したり、消費者の未知のニーズを感じ取ったりすることは現時点では人間の方が強い領域です。**

このほか、深い業界知識を持ち、人間の感情や文化を理解する能力も、ＡＩではまだ代替できない重要な要素です。新しい商品やサービスを考案する際、それが市場にどのような影響を与え、消費者の感情にどう訴えるかを理解することは、人間の独創性や洞察力に基づくものです。

現在のＡＩはあくまでツールであり、人間の思考力や創造力を補助するものです。私たちには、**結果を出すことだけでなく、その過程で本質的な価値を見つけることが重要です。**人間だからこそ提供できるサービスがあり、ビジネスにおいてもこれは大切な役割を果たします。人間の感性や深い専門知識を活かしたサービスの価値は、技術が進歩しても変わりません。

つまり、**人間独自の力を生かしながら、ＡＩをどううまく使うかが、これからのビジネスの成功につながるのです。**

ビジネスを改革する、ＡＩ導入のための3ステップ

ＡＩを核とした事業展開で必要なこと

生成ＡＩを活用し、ビジネスモデルを改革するためには、**ＡＩができること・できないこと、得意・不得意なことを知ることが重要です。**

ＧＰＴモデルをはじめとする生成ＡＩは、基盤モデルと呼ばれる「大量かつ多様なデー

図表3-10 各社のLLM開発状況

モデル	開発企業	最近の動向など
GPT-4	OpenAI（Microsoftと提携）	使いやすさ・精度ともに圧倒的。法人版も公開された。パラメーター数5,000億以上？
GPT-3.5	OpenAI（Microsoftと提携）	早くよりAPIが公開されているため、法人内で利用されているLLMはこれであることが多い。パラメーター数1,750億
Llama2	Meta	Instagramに画像加工の生成AI組み込み予定との報道あり（2023年5月）
Gemini	Google	現在はGoogle Geminiで利用可能。SGE検索や、各種Googleツールに組み込まれた際にどのような効果を生むか注目
Claude	Anthropic	GPTよりも長文が扱えるのが良い点。Perplexity.aiではGPT以外にこちらのモデルも選択可能
LINE LLM	LINE	パラメーター数36億。2023年8月に公開されたばかりで評価は未知数
ELYZA	ELYZA（東京大学松尾研究室発）	日本語の自然さは1番。Llama2に日本語の追加学習を行い開発。パラメーター数70億

出所：カイゼン・プラットフォーム

タで訓練され、多様な下流タスクに適応できるモデル」を用いて表現されています。1つのモデルから質問への回答、感情分析、情報抽出、イメージキャプション、オブジェクトの認識、指示への対応など幅広いタスクへの活用が可能です。

これまで、生成AIを開発する企業は数多く存在しました。しかし、チャットGPTのような優秀なモデルが登場したことで、競争は一層厳しくなりました。これは、膨大なデータ量と強力なインフラを用いた学習によるものです。

例えば、GPT-4のようなモデルの開発には、300日以上かかります。これは、通常のスタートアップでは実現困難な規模です。

現在、テック業界ではより優秀なＡＩモデルを作る動きがあります。しかし、マイクロソフトがＯＳ市場で大きな影響力を持つように、**AI分野でも一部の非常に優秀な企業が市場を支配する可能性が高いでしょう。**

そもそも、ＡＩ技術を自社で一から開発したり、大規模な設備投資を行ったりすることは、会社の固定費を増やすことになります。これは、会社の経営の柔軟性を失わせる可能性があります。つまり、**これからの時代の変化や新しい状況に、すばやく対応するのが難しくなるということです。**

ＡＩを活用する際には、基盤モデル自体を開発するよりも、**これらの基盤モデルを用いて何ができるかを考えることの方が大半の普通の企業にとっては重要です。さまざまなユースケースを考案し、新たなビジネスチャンスを見出すことが求められているのです。**

STEP 1 ユースケースからアイデア出し

では、実際に新たなユースケースを考案し、ビジネスチャンスを生み出すためにはどうしたらいいのでしょうか。具体的なステップを紹介していきます。まずは、どのような場面で生成ＡＩが活用できるか、アイデアを出していきます。

アイデア出しの切り口としては、以下の3つがおすすめです。

1 ニーズの明確化

お客様の曖昧な要望や問い合わせに応えるようなサービスは、AIに代替してもらうことができます。例えば、ホテルのコンシェルジュや、駅や空港の案内カウンターで、お客様が何を求めているのかをまず理解してから、それに合ったサービスを提供するような場面です。こういった状況では、お客様のニーズを明確化させるためにAIをうまく使うとよいでしょう。

2 業務コストの低減

明確な答えのある質問に対しては、AIを使って対応することで、対応にかかる労力を減らすことができます。例えば、CS（カスタマーサービス）や営業部門でお客様からの問い合わせ、ITサポート部門で社員からの問い合わせなど、AIによる対応が考えられます。さらに、投資家とのコミュニケーションを担当するIR部門でも、よくある質問への回答をAIで作成することができます。これにより、簡単ながら手間がかかる質問の対応をAIに任せることが可能になります。

3　ユーザー負荷軽減

スペルチェックや翻訳のような作業を、ＡＩを使ってサポートすることで、仕事の効率を上げることができます。さらに、アイデア出しの会議の際に、チャットＧＰＴのようなＡＩを使って、特定の指示（プロンプト）に基づいて新しいアイデアを出してもらうことも可能です。これにより、自分たちだけで考えるよりも、もっと多くのアイデアを得ることができます。

STEP 2　ＡＩ活用のヘソを探し出す

ＡＩを導入する際には、まず事業課題を突き止め、その中でＡＩが力を発揮できるポイントはどこかを考えることが重要です。本書では、**ＡＩが最も力を発揮できるポイントを、「ＡＩ活用のヘソ」と呼びます。**

ＡＩ活用のヘソを探すための、５つの切り口をご紹介しましょう。

1　収益・価値を高めるレバーはどこか

例として、先述したビズリーチの職務経歴書生成ツールでは、転職エージェントはより多くのスカウト情報を送ることができ、求職者は質の高い職務経歴書によって獲得するスカウトの数を増やすことができます。転職を希望する利用者にとっても作成が面倒な職務経歴書を簡単に作れるようになるため、これは大きな利点となります。さらに、ビズリーチ自体もスカウトの数が増えることで、収益が向上します。ビズリーチにとって収益と価値、双方を向上させるレバーは質の高い「職務経歴書の生成」と言えます。

2 新しい顧客を呼び込めないか

ビジネスモデルの観点で、新規顧客に対してインパクトが大きい施策を考えます。例えば、C2Cのマーケットプレイス、つまり個人が商品やサービスを直接他の個人に売るような場合、ビジネスモデルとして、新しい顧客を引きつけるためには、どんな商品が出品されているか、その数や種類がとても重要です。出品できる商品のカテゴリーを増やすことで、新しい購入者を引き寄せやすく、より大きな効果が期待できます。そして新たに出品される商品やサービスを適切なカテゴリーに割り当てる際にAIを活用すれば出品プロセスの簡素化と効率化を図ることができます。

3 提供サービス・提供価値を前後に広げられないか

カスタマージャーニーや業務フローにおいて、どのタイミングでAIを活用すれば最も効果的かを考えることが重要です。先述したように、旅行予約サイト「じゃらん」では、当日の交通情報や天気予報、ランチや観光スポットの情報、地元の特産品などのサポートにＡＩを活用することで、顧客にさらなる価値を提供できる可能性があります。

4 問題の根っこはどこにあるか

Ｄ２Ｃ（ダイレクトツーコンシューマー）のファッションオンラインショップを例に考えてみましょう。ここで、「ＡＩを使って、顧客からの問い合わせに対応する」という考え方は適切でしょうか？

もし顧客からの問い合わせが主にサイズに関するものであれば、問題の根本は「自分に合わないサイズを購入してしまうこと」にあります。そのため、ＡＩを使うのは単に問い合わせ対応ではなく、もっと早い段階、つまり顧客が自分に合ったサイズを選ぶ手助けをするところです。例えば、**バーチャルで服を試着するような体験を提供することで、顧客が適切なサイズを選べるようにする**のが、ＡＩ活用のヘソです。

5 労働集約的になっている業務は何か

サイバーエージェントでは、労働集約的な業務にＡＩを取り入れています。インターネット広告の分野では、運営コストをどれだけ効率的に使って目標を達成できるかが重要です。そのためには広告の新鮮さやクリエイティブな要素がとても大事で、３カ月間で10万本以上の広告を作る必要がありました。

広告を大量かつ迅速に作る際の大きな課題は、人員やコストでした。しかし、**ＡＩの導入によって、以前は30人以上いた広告をデザインするディレクターの数を0に減らすことができそうです。**さらに、会社の組織構造やクライアントへの料金体系も見直されることになりました。これは、ＡＩを使って労働集約的な業務を改善し、効率を高める良い例です。

STEP 3　投資対効果に落とし込む

ＡＩ活用のヘソが見つかったら、活用戦略に落とし込んでいきます。活用戦略を立てるにあたっては、インパクトの試算も必要です。インパクト試算とは、プロジェクトや政策、イベントなどが経済や社会にどんな影響を与えるかを評価し、数値で表す方法です。この方法では、特定の活動が直接的または間接的にもたらす、経済的、社会的、環境的な影響を理解し、それを数字で示します。インパクト試算は、政策立案者、ビジネスのリーダー、研究者など、多くの人に利用されています。

インパクト試算の際は、**「定量的インパクト」と「定性的インパクト」の2つの側面からアイデアを評価することが重要**です。

定量的インパクトとは、数値で明確に計測できる影響のことです。これには主にコスト削減や売り上げの向上が含まれます。例えば、ＡＩを導入することで人件費が削減される、あるいは販売予測の精度が上がり売り上げが増加するなどが考えられます。これらの影響は、ＫＰＩ（主要業績評価指標）の変化として具体的に評価されます。

さらに、投資効率（ＲＯＩ：Return On Investment）の観点も重要です。ＲＯＩは、投資に対してどれだけの利益が得られたかを示す指標です。ＡＩ導入にかかる費用とそれによって得られる利益（コスト削減や売上向上など）を比較し、投資の効果を数値で表します。

一方、**定性的インパクトとは、数値化しにくいものの重要な影響**を指します。これには新規性、再現性、汎用性などが含まれます。例えば、ＡＩによって新しいビジネスモデルが生まれる可能性、同じ方法を別の場面でも使えるか、さまざまな状況に適応できるかなどです。これらは直接的な利益には結びつきにくいものの、長期的なビジネス成長に大きく寄与することがあります。

定性的インパクトの評価には、成功する確率や投資キャップ（投資上限）の考え方が重要です。成功の可能性を考慮しながら、どれくらいのリソース（時間、人材、資金など）をＡＩ導入に割り当てるかを決定します。特に、新しい技術導入ではリスクも伴うため、投資キャップを設定して無理のない範囲で進めることが大切です。

ＡＩ導入のインパクト試算では、これら定量的・定性的な要素を総合的に考慮し、バランスよく判断することが求められます。企業が目指す方向性や現在の経済状況、業界の動向など、さまざまな要因を踏まえながら、最適な投資計画を立てることが求められます。

ちなみに、現時点では、ＡＩを用いるとＰＲ効果も期待できます。

例えば、２０２３年9月に伊藤園がリリースしたテレビＣＭには、生成ＡＩで作成したモデルが起用されていました。当時、**テレビＣＭへのＡＩタレントの起用は日本初で、ＳＮＳを中心に多くの話題を集めました。**

商品パッケージにも生成ＡＩを使用しており、コスト削減につながりましたが、重要なのは、単に費用対効果だけではなく、**ＡＩを利用したプレスリリースがもたらすインパクト**です。ＡＩによって作られた製品やサービスは、その事実だけで消費者の興味を引き、購買率の向上につながる可能性があります。ただし、これはＡＩ活用自体がまだ珍しい時期、つまりアーリーアダプターのみの特権です。

不確実性が高い世界で生き残る「リアルオプション戦略」

転換が必要な投資の考え方

ＡＩを新たに事業に実装していくうえで、投資対効果をどのように考えていけばいいのでしょうか。『リーンマネジメントの教科書 あなたのチームがスタートアップのように生まれ変わる』（細野真悟著、日経ＢＰ、２０２２年）では、新規事業の成功率を高めるために実施すべきセオリーとして、「リアルオプション戦略」「スモールバッチ／ワンピースフロー」「ポートフォリオ」の３つを挙げています。

リアルオプション戦略とは、「やる・やらない」の二択の状況下で、小さな実験を繰り返し、選択肢を増やす方法です。スモールバッチ／ワンピースフローは、実験は分業せず、小さな作業単位で１人で実施します。ポートフォリオは、チームとして１つの施策に注力せずに複数施策に分散投資することで、ピボット（事業転換）が可能になる、いわば投資の基本的な考え方です。

ＡＩのような不確実性が高い領域においては、とりわけこのリアルオプション戦略が重

要になってきます。リアルオプション戦略についてもう少し詳しく説明すると、この考え方は、ビジネスや投資で決断をする時に、未来の不確かなことや変わり得る能力（柔軟性）をどう捉えるかというものだということです。そもそもリアルオプションとは、株式や通貨の取引で使われるオプション（選択権）の考え方に基づいています。つまり、ビジネスのプロジェクトや投資の機会を、将来どうするかを選ぶ権利（オプション）として見るのです。

リアルオプション戦略は、実際にやってみないとわからないという不確実性が極めて高い領域ほど有効になります。特に生成ＡＩは、実際にデータを学習させて使ってみないと、そもそもそれが使えるかどうかがわからないものです。

そこで、ＡＩを用いて製品の品質検査を自動化するプロジェクトについて、リアルオプション戦略を使って考えてみましょう。

例えば、「２０００万円の設備投資をすると、50％の確率で３８００万円の売り上げが見込めるが、失敗したら投資は無駄になる」という状況を想定します。

この場合、まずプロジェクトの期待される利益（期待利益）を計算します。成功すれば３８００万円の売り上げが得られますが、実現する確率は50％としましょう。一方、プロジェクトが失敗すれば２０００万円を失うわけです。

このように、期待利益は、成功する場合と失敗する場合の両方を考慮して計算されます。

期待利益の計算式は以下の通りです。

期待利益＝（成功の確率×利益額）－（失敗の確率×失敗した時の最大投資額）＝（50％×1800万円）－（50％×▲2000万円）＝▲100万円

この式に従い、期待利益を計算すると、100万円の赤字となります。つまり、**統計的にはこのプロジェクトはやらない方がよいことになります。しかし、最初に2000万円を全部投資するのではなく、少ない投資額、仮に100万円でもし成功するかどうかが100％見えれば投資リスクは大きく下がることになります。**

期待利益＝（成功の確率×利益額）－（失敗の確率×失敗した時の最大投資額）＝（50％×1700万円）－（100％×▲100万円）＝750万円

市場の反応を見ながら、状況に合わせて徐々に追加投資することもできます。この方法を使えば、市場がどう変わるか、プロジェクトの進み具合などに合わせて、計画を変更したり、必要なら投資をやめたりすることが可能になります。投資したお金を全部失うリスクを減らすことができるのです。

つまり、このような不確実性の高いプロジェクトは小さな投資でその後の成否を予見できるようなPoC（概念実証＝プルーフ・オブ・コンセプト）をいかに設計できるかが事業の肝となってくるのです。

AI活用における投資対効果シミュレーション

AI導入の検討方法のケーススタディを考えていきたいと思います。

■カスタマーサポートの負荷削減

通常カスタマーサポートのサイトやFAQサイトには、カスタマーの問い合わせに対応する回答が掲載されています。ただし、今日そのサポートサイトでは解決できないユーザーの問い合わせがコールセンターに数多く入っています。コールセンターの人数は全需要を捌《さば》けるほど多くありません。結果として、受電率がなかなか80%を超えませんし、待ち時間が10分を超えてしまうケースもあります。

電話での問い合わせの内、FAQに回答が掲載されているケースは実は50％以上あるのがほとんどです。なぜ調べればわかることをわざわざ電話してくるのかというと、カスタマーサポートサイトやFAQサイトの検索機能やチャットボットの性能が高くないため、目的のページにたどり着くことができないユーザーが電話をかけるのです。

これを解決するためにFAQページの内容を先述したRAGによって学習させます。そして、そのFAQページの内容から回答を生成するGPTを活用して、検索機能を高度化させたり、チャットボットを賢くしたりすることができます。

それにかかる開発費用を**A**、GPTなどの利用料やメンテナンス費用を**B**と置きます。それに対して、1コールあたりのコストを**C**と置きます。

実際のサポートサイトで生成AIを活用した場合と活用していない従来のパターンをA／Bテストの手法を活用し、どれだけコールセンターへの入電が減るかをテストします。特に最近では、スマホで検索される方が多いので、電話番号をクリックしたかどうかのログを測定し、どれだけ入電が減っているのかを測定することができます。具体的には、下記の通りになります。

- コスト**C**×理論上減る入電数＝コスト削減効果
- コスト削減効果∨メンテナンス費用**B**　＝　**B**が下回れば、投資回収の目処が立つ
- コスト削減効果－メンテナンス費用**B**　＝　月間の投資対効果（理論上のコスト削減額）
- 開発費用**A**／月間の投資対効果　＝　投資回収期間

この場合、**インパクトを出すためにいかに最小のＰｏＣで精度の高い入電数削減の見通しが立つかを設計するのが重要になってくるということです。**特定のページや特定の情報に絞ってＡ／Ｂテストを実施するなど、コストを抑えたＰｏＣの設計が肝になります。

■ **営業組織の業務検索ニーズの効率向上**

生成ＡＩを用いて、対応できるものの中に社内業務の検索ニーズがあります。商品の規定や運用フロー、事例や申請ルールまで、社内情報の検索で、日々スタッフ部門やアシスタントへの細かい問い合わせが無数に発生しているケースも少なくあ

りません。

このようなイントラネット上に存在する情報群も、ＲＡＧを活用して生成ＡＩに学習させることで内部のコストを大きく削減することが可能になります。

さらに言えば、これらはイントラネットの中にチャットボットや検索ボックスを設置することも可能ですし、チームズやスラックなどの社内チャットの中に社内業務に関する質問に回答するＧＰＴをボットで入れておくという方法も取れます。

これらも先ほどの事例と同様にインパクトを費用対効果で測定できます。

開発費用をＡ、ＧＰＴなどの利用料やメンテナンス費用をＢ、内部対応コストをＣと設定することで「Ｃ－Ｂ＝月間の投資対効果（理論上のコスト削減額）」となり「Ａ／月間の投資対効果＝投資回収期間」で、開発投資期間を測定することが可能です。


特に新入社員が入ってくる４月に、問い合わせ業務の効率を高められると非常に大きなインパクトが出てきます。

これらのプロジェクトは、初期段階で小さな実験やテストを行うことで、リスクを最小限に抑えつつプロジェクトの効果を評価できます。そして、徐々にプロジェクトを大きくしていくことが可能です。このアプローチを取ることで、投資に柔軟性を持ちながら、長期的な成功を目指すことができます。

ユースケースをストックしよう

ここまで、既存の事業や新規事業にＡＩを取り入れる際の３つのステップを紹介しました。ステップ１～２は、個人やチームレベルでの取り組みが可能ですが、ステップ３は経営戦略との関連性を考慮しつつ、実際の影響を分析することが求められます。

ただし、前提として求められるのは、ＡＩ活用事例の知識です。**日頃からたくさんの事例に触れ、知識としてストックしておくことで、自社での活用法が見えてきます。**

例えばチャットＧＰＴのようなＡＩツールを使用してウェブサイトの良し悪しを分析したり、ＳＥＯの強化方法を提案するといった活用事例があったとします。

ＳＥＯサービスを提供する企業であれば、このような事例を自社に取り入れるのがよいでしょう。しかし、もっと重要なのは、**この方法を応用して新しい活用法を考えること**です。例えば、診断結果を基に効果的な営業メールをＡＩで作成するといった方法です。これを実践することで、見込み客との商談の機会を増やすことができるかもしれません。

他の企業がどのようにAIを活用しているかを知ることは、自社での応用例を考えるうえで非常に重要です。活用事例を知らなければ、その応用も思いつかないでしょう。新たなビジネスチャンスを見つけるためにも、さまざまな事例に触れ、アイデアの幅を広げることが大切です。**そのために、おすすめの方法がX（旧twitter）でさまざまなAI情報を発信しているアカウントをフォローすることです。**AI関連の情報は日々のアップデートがあまりにも激しいので、追いつくことも欠かせません。ぜひお試しください。

8つの事例で解説！ AIはどのように活用できるか

新興企業のAI活用戦略

実際に、生成AIのユースケースを見ていきましょう。

CASE 1　Salesforce（セールスフォース）

特定のタスクの代替ではなく、一連の業務フローを担うセールスフォースは、単なるタスク代替ではなく、**企業の幅広い業務フローをサポートする包括的なビジネスアプリケーションです。**このツールは、営業活動から始まり、カスタマーサービスやマーケティング戦略まで、多岐にわたる業務を統合し、自動化することで、効率化を図ります。顧客データの一元管理とプロセスの自動化により、透明性と迅速な意思決定を実現し、従業員はより重要な作業に集中できるようになります。「アインシュタイン」というＡＩを搭載しており、ビッグデータを活用した分析ツールでデータ駆動型の意思決定をサポートします。これにより、企業は市場での競争力を高め、成長を加速させることが可能です。クラウドベースで提供されるため、どこからでもアクセス可能で、柔軟な働き方を支援します。セールスフォースは、特定のタスクを超えた総合的な業務フローの管理と最適化を実現することで、現代ビジネスにおける必須ツールとなっています。

CASE 2　EvenUp（イーブンアップ）人身傷害の法的事務を代替し、督促状のワークフローを自動化

イーブンアップは、法律業界向けのＡＩ企業で、法律専門家の手動タスクを自動化し、大量のデータを効率的に分析し、法的問題に関するインサイトを提供するツールを開発し

ています。彼らはシリーズBの資金調達に成功し、新しい投資家から50万5000ドルを獲得しました。

現在、イーブンアップは300以上の顧客を持ち、年間数十万ドルのサブスクリプション収益を上げながら、人身傷害法律事務所向けに督促状のワークフローを自動化する製品を提供しています。CEOによれば、これにより**時間節約と支払額の増加が実現しており、**同社の顧客は、法的請求の作成にかかる時間の節約に加えて、支払額が30％増加したとのことです。

CASE 3

Notta（ノッタ）
同一画面内で文字起こし・要約・ToDo作成まで完結

ノッタは、ビジネスのさまざまなシーンで活用できる多機能ツールです。このツールは、1つの画面内で文字起こし、要約、ToDo作成が完結するように設計されており、業務の効率化に大きく貢献します。例えば、会議の議事録をリアルタイムで文字に起こし、その内容を要約して、重要なアクションポイントをToDoリストとして整理することが可能です。

ノッタの特徴は、セールスフォースに見られるような一連の業務フローをサポートすることにあります。例えば、会議中に話された内容をAＩがリアルタイムで文字起こしし、重要なポイントを自動的に抽出して要約します。これにより、ユーザーは会議の内容を瞬時に振り返り、次のアクションへ移ることができます。

さらに、ノッタは、ＴｏＤｏリストの作成機能も備えており、要約された内容から直接アクションアイテムを作成し、効率的な業務進行を支援します。これにより、営業活動だけでなく、マーケティングやプロジェクト管理など、多岐にわたる業務での活用が可能です。

CASE 4 ELYZA（イライザ）どのＬＬＭでも、同じインプットから複数のパターンを出力できる

イライザは、大規模言語モデル（ＬＬＭ）を活用した革新的なツールで、その主要な特徴は、同じ入力から複数の出力パターンを生成できる能力にあります。この機能により、ビジネスのさまざまなシーンで多角的な解決策を提供することが可能です。

例えば、マーケティングのキャンペーン文案の作成、顧客サービスの自動応答、製品開発のアイデア出しにおいて、**イライザは同じ問いに対して異なるアプローチを瞬時に提供します。**これは従来のＬＬＭが１つの問いに対して１つの答えを出すのと対照的で、幅広

い選択肢と柔軟な思考を促進します。

特に、クリエイティブな業務、戦略立案、問題解決などで大きなアドバンテージを提供します。**ユーザーは、イライザによって生成された複数の選択肢を比較検討し、最適な解決策を見出すことができます。**この多様性は、ユーザーの視野を広げ、革新的なアイデアの創出にも寄与します。

CASE 5 Typeface（タイプフェイス）ウェブのキービジュアル、広告バナー用動画・画像の作り分けを瞬時に

タイプフェイスは、先進の画像・動画編集技術を活用したユニークなツールで、**動画や画像をさまざまな用途に即座に合わせて編集できることが最大の特長です。**特にウェブページのキービジュアルや広告バナー制作において、その効果を発揮します。従来、これらのビジュアルコンテンツを作成する際には、デザインの方向性やターゲットオーディエンス、掲載プラットフォームに応じた細かな調整が必要でしたが、タイプフェイスを使用すると、**基本デザインからさまざまなフォーマットやスタイルへの迅速な適応が可能になります。**この即時の作り分け機能は、時間とリソースに制約のあるプロジェクトで特に有効です。

異なるオーディエンス向けに複数の広告バナーを作成する場合、タイプフェイスを用いることで、**迅速かつ効率的にターゲットに合ったデザインを制作できます。**加えて、直感的なインターフェースにより、専門的なデザインスキルがないユーザーでも容易に使用できる点が大きな利点です。これにより、マーケティングチームや小規模ビジネスでもプロフェッショナルレベルのデザインを素早く作成することが可能になります。

CASE 6 Runway（ランウェイ）
「文字から動画」だけでなく「画像から動画」も実現

ランウェイは、デジタルメディア技術を活用した革新的なツールで、その主な特徴はテキストだけでなく画像からもビデオを生成できる能力にあります。この機能により、メディアコンテンツ制作の範囲が広がります。従来、テキストからビデオを生成する機能はストーリーテリングや説明的なコンテンツ制作に役立ちましたが、ランウェイはさらに、**静止画から動画への変換を可能にします。これにより、画像を基にしたアニメーションや動的なプレゼンテーション素材の作成が簡単になります。**

この多様なメディア変換能力はクリエイティブな分野、マーケティング、教育などで特に有用です。ユーザーはテキストや画像から即座に高品質のビデオコンテンツを生成し、視覚的に魅力的なメッセージを伝えることができます。ランウェイの直感的な操作性は、ビデオ編集の専門知識がないユーザーでも簡単に高度なビデオコンテンツを制作できます。

さらに、ランウェイはビデオ制作プロセスの効率化も実現するので、従来のビデオ制作にかかる時間とリソースを大幅に削減することで、タイムリーな情報発信やキャンペーン展開が可能になります。

CASE 7

Synthesia（シンセシア）スライドから簡単に動画化し、アバターが多言語対応で自然に読み上げ

シンセシアは、プレゼンテーションとビデオ制作を革新するツールで、スライドから簡単に動画を生成し、AI技術によるアバターの自然な読み上げ機能を備えています。さらに、多言語対応もこのツールの大きな魅力です。従来、スライドの動画化は時間と技術を要する作業でしたが、シンセシアを使用すると、ユーザーはスライドをアップロードするだけで専門的なビデオを迅速に生成できます。これにより、プレゼンテーション内容をダイナミックかつ視覚的に魅力的に伝えることが可能になります。

シンセシアのAIアバターは自然な口の動きと表情でテキストを読み上げ、ビデオに人間らしいタッチを加えることで、視聴者に親しみやすい体験を提供します。加えて、**多言**

語対応により、世界中の異なる言語を話す視聴者に同じビデオコンテンツを効果的に伝えることができ、国際的なプレゼンテーションやグローバルマーケティングキャンペーンでの幅広いオーディエンスへのアプローチが可能です。

プレゼンテーションとビデオ制作の分野に新たな可能性をもたらし、ビジネスコミュニケーション、教育、マーケティングなど多岐にわたる分野で重要な役割を果たすツールとなっています。

CASE 8 Merlin（マーリン）、Ada（エイダ）
対話型やりとりを「音声」で実施し、顧客に負荷をかけずに情報を引き出す

マーリンとエイダは、対話型AI技術を活用した先進的なツールです。これらのツールの核心は、「音声」を介した対話によって、顧客からより効果的に情報を引き出す能力にあります。これにより、顧客に負荷をかけることなく、スムーズかつ自然なやりとりが可能になります。

特にマーリンは、**その高度な音声認識能力と自然言語処理技術を駆使して、顧客の質問や要望に対してリアルタイムで反応します。**顧客は文字をタイプする代わりに、自分の声で直接質問や要望を伝えることができ、これにより、さらに直感的でストレスフリーな体

験が実現します。マーリンは、この音声に基づいた対話を通じて、顧客のニーズや問題点を正確に把握し、適切な回答やソリューションを提供します。

一方のエイダもまた、音声対話に特化したAIツールですが、**こちらはより個別最適化された対話体験を提供することに重点を置いています。**エイダは顧客の音声を分析し、その人特有の話し方やニュアンスを捉えることで、より個別化された対応を行うことが可能です。これにより、顧客はまるで実際の人間と話しているかのような感覚で、自然に情報を共有することができます。

これらのツールは、音声を介した対話により、顧客サービスやマーケティング、さらにはデータ収集といった分野に革命をもたらします。顧客が直接話すことで得られるデータは、ビジネスにおける意思決定や顧客理解の深化に大きく貢献します。また、顧客体験の向上により、顧客の満足度とブランドロイヤリティの向上も期待できます。

AIが作る新たなビジネスチャンスを見逃すな

高度な専門性をAIでどう活かすか

生成AIを活用し、ビジネスを拡大するためには、やみくもに導入するのではなく、マーケットを見極めることも大事です。

次ページの図表3‐11は、VCファンド「オール・イン・キャピタル」の創設者であるクシャル・バギアが「How To Think About Generative AI?（生成AIをどう考えるか？）」という記事に載せていたものです。さまざまな業界でどのようにバーティカルLLM（Vertical Large Language Model）を採用するか、マーケットの拡大を表しています。

バーティカルLLMとは、特定の業界やドメインに特化したAI言語モデルの一種で、**異なる業界向けにカスタマイズされたAIアシスタントやプロダクトの開発に活用されるものです。**一般的なAI言語モデルが幅広い知識を持つのに対し、バーティカルLLMは特定の分野に特化した深い知識と理解を提供する点で異なります。

図表 3-11　**産業界はどのようにバーティカルLLMを採用するか**

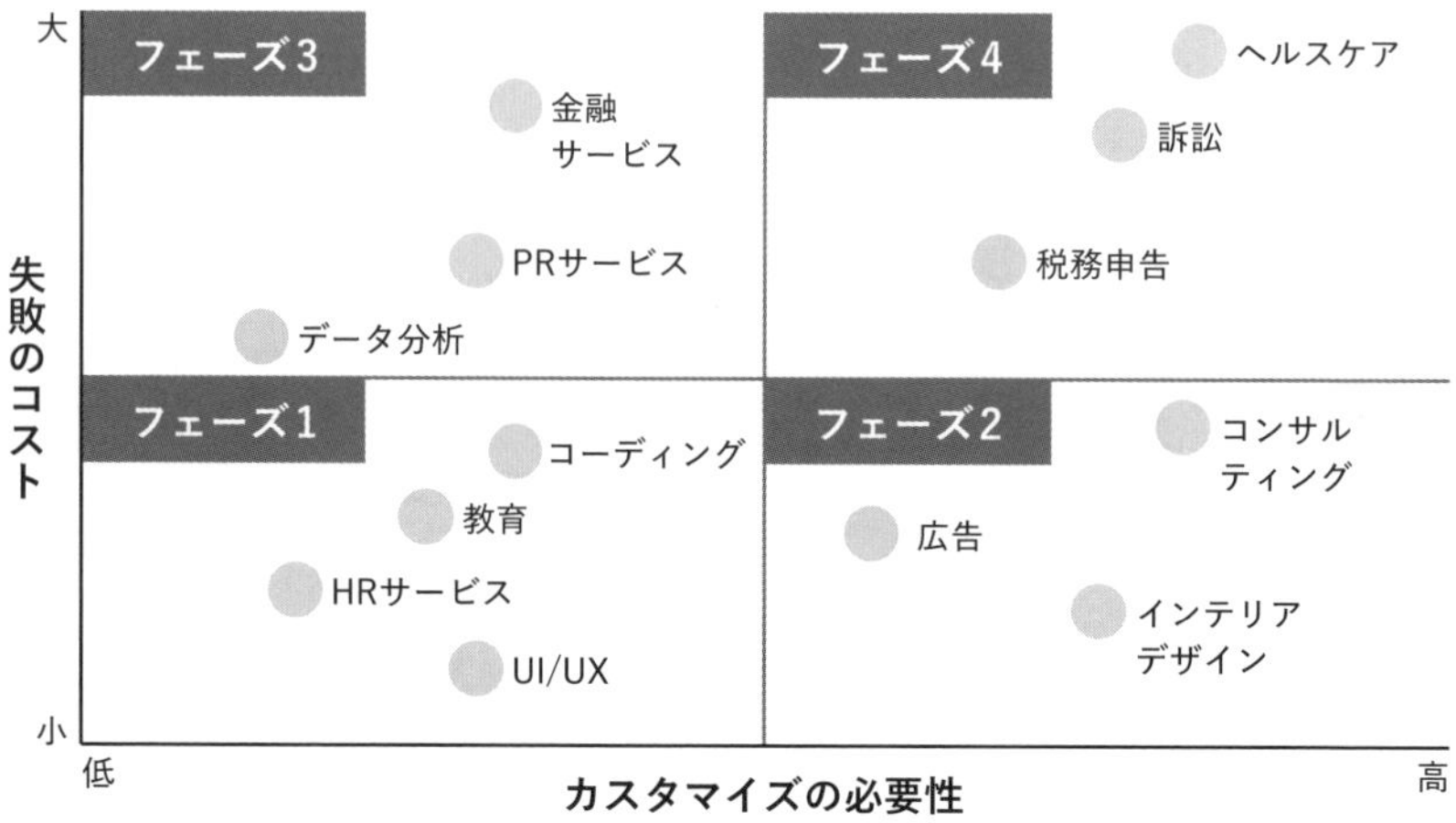

出所：Medium「生成AIをどう考えるか？パート3」

例えば、医療分野に特化したバーティカルＬＬＭは、医学用語、症状、治療法、薬剤の情報などを深く理解し、医療関係者が患者の診断や治療計画の策定に役立つインサイトを提供することができます。同様に、法律分野に特化したモデルは、法律用語、判例、法律文書の解釈に精通しています。

このようなモデルの利点は、特定の業界の専門家が必要とするより具体的で高度な情報を提供できることです。**バーティカルＬＬＭは、その業界特有の言語や概念を理解することで、より精度の高い情報提供や分析、意思決定のサポートが可能になります。**

また、カスタマイズされたＡＩアシスタントやプロダクトの開発においても重要な役割を果たします。例えば、特定の製品やサービスに関連する顧客の質問に答える顧客サポートボットの開発や、専門的なリサーチやデータ分析を行うツールの開発などに活用されます。

バーティカルLLMは、業界固有の知識を持つことで、より関連性が高く、実用的なインサイトを提供することができ、特定の業界や分野において革新的なアプリケーションやサービスを生み出す可能性があります。このように、バーティカルLLMは一般的なAI言語モデルよりも特定の分野において高度な専門性を持つことが最大の特徴です。

フェーズで異なるAIカスタマイズの必要性

さらに詳しく見ていきましょう。図表3‐11では、横軸は「カスタマイズの必要性」で、個々のカスタマイズの必要度（AIを自社の仕事に合わせてどの程度変更する必要があるか）を示しています。縦軸は「失敗のコスト」で、アウトプットの正確さ（その作業に伴うリスクの大きさ）を表しています。

これらの軸に基づき、4つの象限に分けられます。例えば、カスタマイズの必要性が低く、失敗のコストもそれほど大きくない領域（フェーズ1）には、コーディング、教育、HRサービス、UI／UXが含まれます。例えばコーディングでAIが書いたプログラムのコードにエラーがあっても、すぐに修正をすることができるので、それほど影響はありません。これらの領域から最初にバーティカルLLMの利活用が進むと想定されています。

続いて、カスタマイズの必要性は高いが失敗するコストが小さい領域（フェーズ2）には、インテリアデザインや広告があります。これらの分野では、顧客ごとに異なるニーズに対応するためにＡＩが役立ちます。コンサルティングもまた、顧客の特定の状況に応じてカスタマイズされた回答を提供する領域です。次にＰＲや金融サービス、データ分析など、個別性は低いが、間違えるコストが大きい領域（フェーズ3）では、**ＡＩの適用によってリスクを最小化することが可能**です。例えば、金融サービスでは一定のセオリーに基づいて、顧客ごとのカスタマイズが必要ですが、それは限定的です。同様に、ＰＲ活動でも、誤った情報を公開するリスクを避けるために正確性が求められます。

最後に税務申告や訴訟、ヘルスケアは、個別性と正確性が特に重要な領域（フェーズ4）です。特にヘルスケアでは、患者1人ひとりの症状が異なり、間違えると生命に関わるため、導入コストが非常に高いと言えます。

ＡＩを採用する際に必要なカスタマイズの程度と、そのタスクに関連するリスクによって、業界ごとにＡＩ採用率は異なりますが、相対的にどちらも低いフェーズ1から、どちらも高いフェーズ4の業界へと浸透していきます。会社がＡＩを導入する場合、まずは自社の事業の中でカスタマイズやリスクが比較的低い部分から始めるのが適しています。これにより、ＡＩを効果的に活用しやすくなります。

column

社内に向けた生成ＡＩのユースケース

社内サポートでＡＩを活用する

社内で「情報を探す」時間をなくす

生成ＡＩのユースケースは、社内でも数多くあります。特に社内での問い合わせ対応に関する領域です。例えば、社内ツールの使い方を聞きたい、出張申請の仕方を知りたい、商品規定を知りたい……。業務を行っていくうえで、さまざまな情報を社内イントラで検索したり、チームズやスラックで各部門に問い合わせたりした経験がある方は多いのではないかと思います。

実はこれらの社内問い合わせは間接部門の時間を大きく取られるだけでなく、営業などフロント部門では、この情報が得られないことで商談を逃したり、競合に負けてしまったりということも多いため、いかにスピーディーに対応できるかが非常に重要です。

そこで、カイゼン・プラットフォームでも営業サポート向けの社内サポートＡＩ構築のプロジェクトを行いました。このプロジェクトで興味深かったのは、お客様が生成ＡＩを主に活用したいのが社内のチームズ上でのやりとりだという点です。

図表 3-12 **情報更新と精度を担保しながら学習させて、社内全員の工数を下げる**

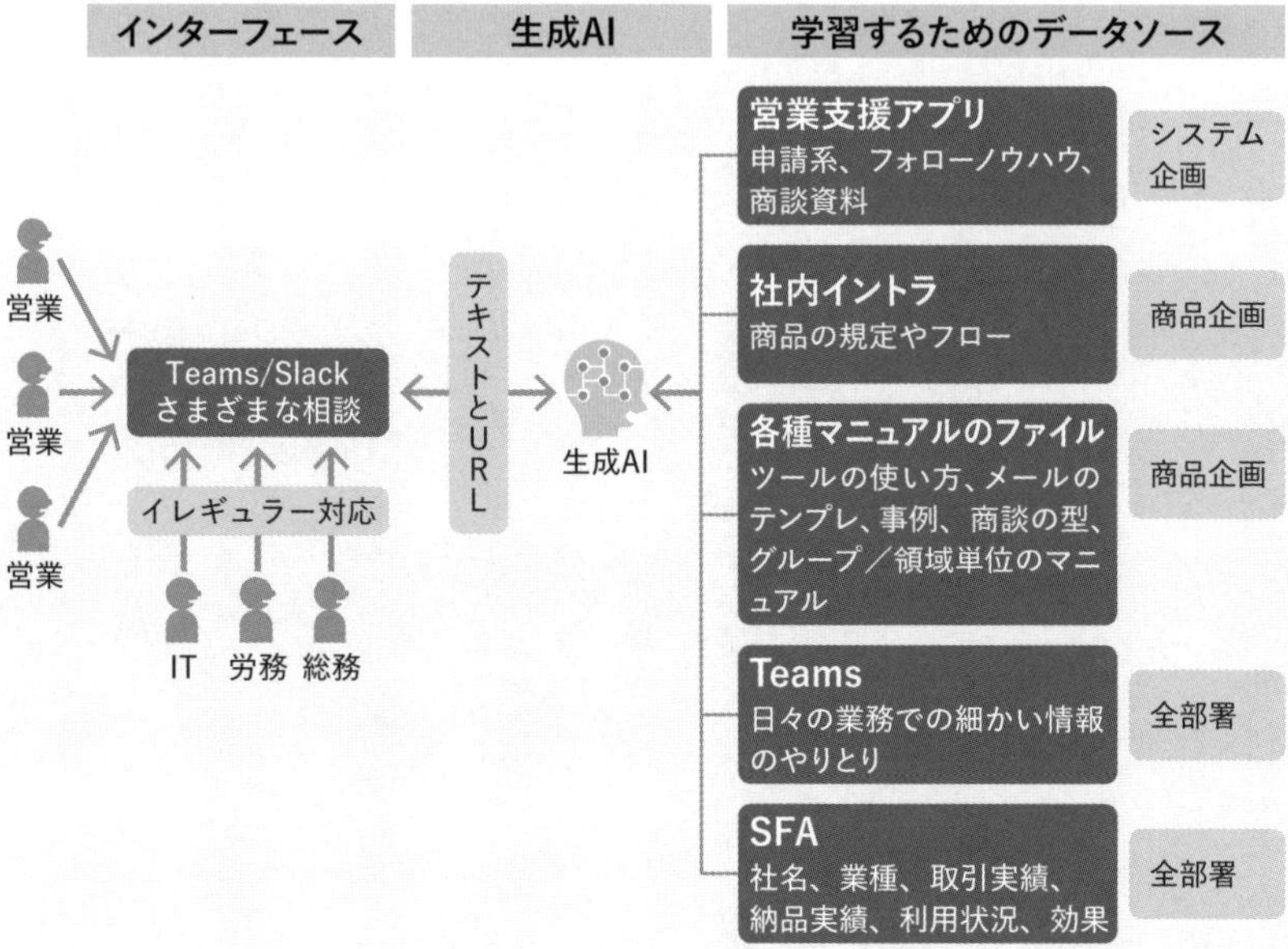

出所：カイゼン・プラットフォーム

特に重視されていたのが、営業が事例を求めている際にいかにタイムリーに回答できるか、というものでした。これが顧客対応において重要だということで、スピードにフォーカスしながら回答できる範囲を広げていきたいという要望でした。

営業サポートを考えていくうえで、ユースケースは非常に面白いと思っていますが、タイムリー性に応えていくために生成ＡＩを活用したいというニーズは、さまざまな業界でも当てはまるのではないでしょうか。

このように、生成ＡＩを活用していくために重要なのは、ユースケースをいかに発見していき、それをどのようにスピーディーに実現していくかという点です。しかし、残念ながらこのスピード感に対応できるＩＴ部門やパートナーが少ないのが実態でしょう。

セールスマーケティング領域のＤＸは、この辺りの経験と勘が重要な領域と言えます。私の経営するカイゼン・プラットフォームでもさまざまなユースケースの実践を通じて、「勘」を養うようにしています。

第4章

AIドリブンな組織への道

ＡＩに「使われない」組織づくり

業務プロセスは人間中心からＡＩ中心へ

いざ、自社にＡＩを導入となると、まずは業務プロセスにＡＩを組み込もうとするケースが多く見受けられます。

例えば、営業の業務プロセスを考えてみましょう。最近ではセールスフォースが提唱した、営業プロセスを分解するThe《ザ》 Model《モデル》型の営業組織が増えてきており、インサイドセールスがアポイントメントを取り、フィールドセールスが実際に営業を行い、カスタマーサクセスが商品やサービスの納品をサポートすると仮定します。

この一連の流れを俯瞰して、インサイドセールスを支援するためのＳａａＳプロダクトを導入したとしましょう。アポイントメール作成や日程調整業務をＡＩが代替してくれるので、確かに業務は効率化します。

しかし、それで本当にＡＩの力を１２０％活用できているのでしょうか。おそらく業務の効率化といっても、最大で20～30％ほどしか改善されないでしょう。

なぜなら、ほとんどの業務プロセスが、人間の生産性を高めることを目的として人間を中心に設計されているからです。

つまり、改善されるのは主に人間の業務に限られます。

「ＡＩドリブン経営」で問われるのは、ＡＩの生産性を最大限に引き出すために、**業務プロセスをAIを中心に再設計することです。そうして、AIが対応できない業務を明確にし、残る業務だけを人間が引き受けることになります。**

コールセンターを経営する知人から、このような話を聞いたことがあります。

コールセンターには、どのように応対すればよいかを示すマニュアルがあり、よくある質問への答えも書かれています。ですが、このマニュアルでは解決できない問題が４％程度あるというのです。逆に言えば、残りの96％の業務はマニュアルに基づいて行えるため、ＡＩでも対応可能です。普段の繰り返しの作業や一般的な質問にはＡＩを使い、人間はそれ以外の特別な状況や予期せぬ問題に集中する方が効率的だと考えられます。

人間中心の業務プロセスだと、「どこにＡＩを導入するか？」という発想になりますが、**AI中心の業務プロセスであれば「どこに人間を導入するか？」という発想になります。この発想の転換こそが、今、求められているのです。**

例えばＡＩのストーリーテリング能力と動画生成ＡＩツールを組み合わせ、映画トレーラー（予告編）を作成するとします。動画素材は、ミッドジャーニーで生成した画像をランウェイで映像にする。音楽はPixabay（ピクサベイ）やStringer_Bell（ストリンガーベル）を使用。そして編集にCapCut（キャップカット）を使用すれば、誰でも映画トレーラーを作ることができます。

しかし、前提として「どういう映画トレーラーにしたいか」という世界観を持っておく必要があるのです。

映画のトレーラーは、観客の興味を引き、映画を見たいと思わせるための不可欠な要素です。顧客体験を設計するために、カットと編集はどうするか。効果的な音楽やインパクトのあるフィニッシュは……など、考慮すべきいくつかのポイントがあります。そのベースとなるのが、独自の世界観です。

加えて、トレーラー制作に伴う業務の一般的な流れを理解し、順序立てて進める必要もあります。**つまり、映画制作に関するドメイン知識がなければ適切な業務設計ができません。**

このように組織とそこに所属する人に蓄積されたドメイン知識を基にどの業務をどのようにＡＩに受け渡していけばよいのかを組織ぐるみで考えていく必要があるのです。

BCT人材の定義をアップデートせよ

AIを中心に経営を考える「AIドリブン経営」を実践するためには、具体的に何をどうしたらよいのでしょうか。従来、DXにおいてはBCT（ビジネス・クリエイティブ・テクノロジー）人材が重要視されていました。

ビジネス人材とは、自分たちの事業や業務を深く理解している人です。要は、ビジネスを実際にリードしているキーパーソンのことを指します。クリエイティブ人材とは、ユーザーに対する理解と自分たちの事業に対する理解、その2つを持ち合わせている人です。お客様に価値提供するには、どのようなユーザー体験を設計すればいいのかがわかっている人です。テクノロジー人材は、技術を使ったら何ができるのかを理解している人です。

確かにBCT人材は、重要です。でも実際には、営業のエースが、クリエイティブのセンスもあり、技術の人たちとも対等に話せる……という状態にはならないのが現実です。もちろん、それぞれの領域の専門家と話ができる人を育てる必要性はあります。

営業が、クリエイターやエンジニアと一緒に進めるプロジェクトに参加したり、職種を跨《また》いでマーケティングの部署に異動したりと、**1つの領域にとらわれず、越境することが重要なのです。**

そして今、テクノロジー人材に新たに求められているのが、ＡＩに対する理解です。そのための第一歩が、「ＡＩの得意なこと／苦手なこと」「できること／できないこと」を理解することです。

AIリテラシー教育はレベルごとに

ＡＩリテラシーのレベルは、上級・中級・初級の３つの階層に分かれています。ＡＩの活用をより効果的に進めるためには、それぞれの階層に合った情報提供や教育が求められます。

まず上級層は、AIを意識的に活用しようとする意欲の高い人々です。ＡＩへの基礎的な理解があり、より高度な知識や技術を求めています。彼らには、以下のような内容を提供することが適しています。

- 機械学習や深層学習の高度な原理やアルゴリズムなど仕組みに関する基礎理解
- 実世界の複雑な問題を解決するためのＡＩの応用事例
- プログラミング、データサイエンス、ＡＩモデルの構築とチューニングに関する実践的

なトレーニング

- セミナーやワークショップ、オンラインコースなど、専門家から直接学べる機会

続いて、**中級層の人々は、自分の生活や仕事を効率的にするためにAIを活用する方法を積極的に探しています。**彼らは日々のタスクをスムーズに進めるためのライフハックや具体的なテクニックに関心を持ち、自分の要望や目標に合わせたＡＩの使い方を模索しています。そのため、以下のような内容が有効です。

- AIを用いたライフハックや日常業務の効率化テクニック
- 特定の業種や職務に応じたAIの活用事例
- AIツールやプラットフォームの実践的な使用方法やチュートリアル
- ユーザーフレンドリーなAIアプリケーションの紹介やデモンストレーション

最後に、**初級層はAIについて基本的な理解を持っていないか、あるいは初心者**です。ＡＩ活用に対する意識も高くないため、彼らには、以下のような情報が必要です。

- AIとは何か、そしてそれがどのように機能するかについての基本的な概念

- 日常生活で遭遇する簡単なＡＩの例（スマートフォンのアシスタント機能、チャットボットなど）
- ＡＩの利用がもたらすメリットと、注意点
- 初心者向けのＡＩツールやアプリケーションの使い方

ＡＩに関する情報提供や教育を階層別に行うことは、ＡＩ活用を促進するうえで非常に重要です。上記の例を参考に、それぞれの階層に合わせたアプローチを検討するのがいいでしょう。せっかく自社に生成ＡＩを導入したのに、利用率がなかなか上がらない企業向けに、研修やｅラーニングなどの支援も行っていますのでご興味がありましたらお問い合わせください（左下のＱＲコードもご参照ください）。

https://00m.in/BGNim

米国と差が出たチャットGPTへの関心

経営陣のAI理解と経営方針の示唆

「AIドリブン経営」を行うためには、経営者自身だけでなく、経営層全体の意識改革が必要です。株式会社MM総研（MMRI）の「日米企業におけるChatGPT利用動向調査」（2023年）によれば、日本ではチャットGPTの普及率は7％です（次ページの図表4-1）。これは、アメリカでの普及率が51％であることと比べると、44ポイントも低い数字です。

ここまで大きく差が開いた理由の1つとして、企業の経営層がチャットGPTに対して示す興味の程度が異なることがあります。**米国では、経営幹部の60％以上がチャットGPTに強い関心を持っています**が、日本ではこの比率が50％未満にとどまっています。さらに、有料サービスのアカウントやプログラミング用インターフェース（API）などの提供方法の違いも、日本と米国の利用率の差に影響を与えていると考えられます。

この調査結果からは、日本と米国のチャットGPTに対する認識や関心の度合いに大き

図表 4-1　日米におけるChatGPTの利用率比較

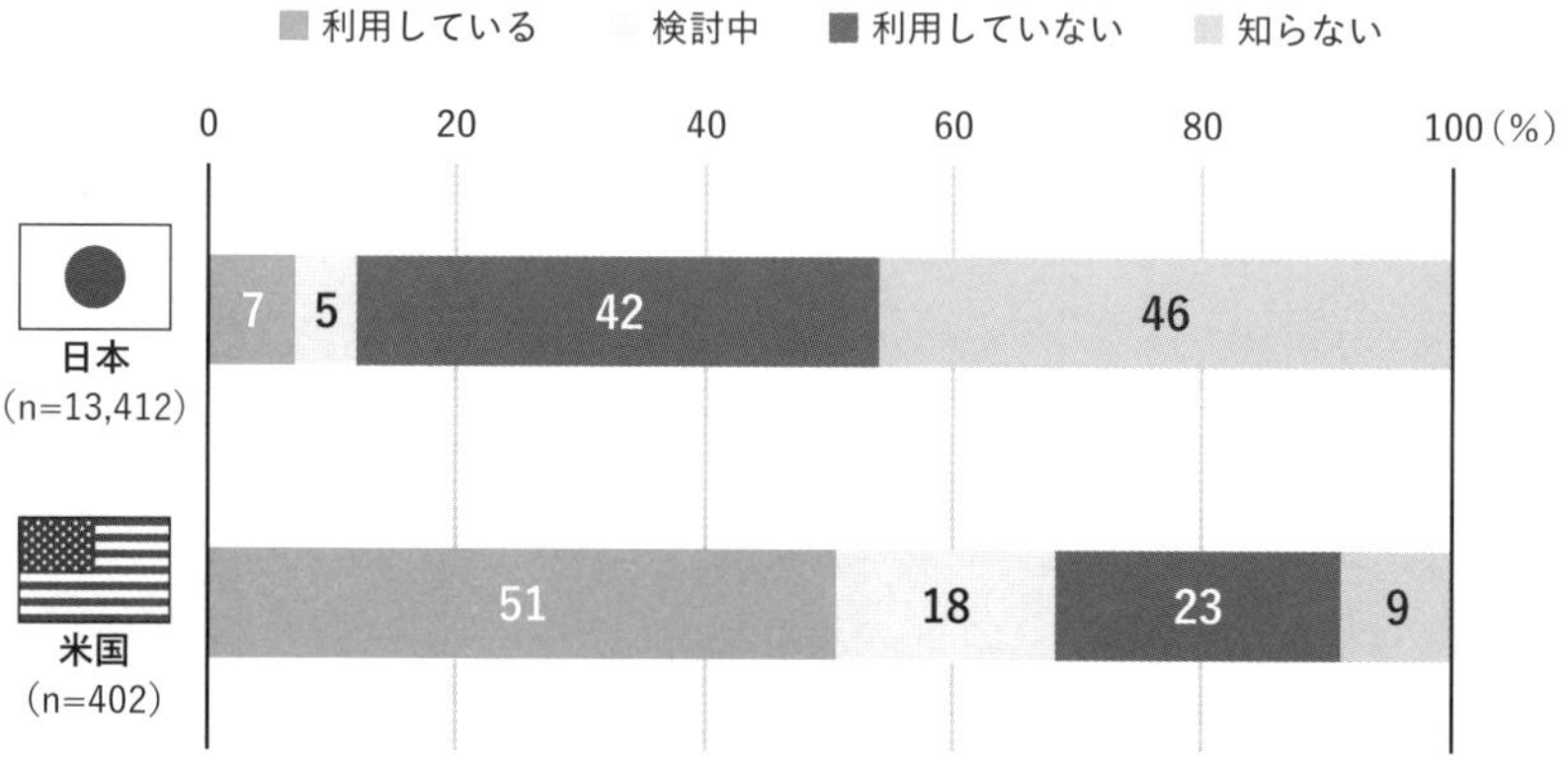

出所：MM総研

な違いがあることが明らかになりました。

ここで１つ断っておきたいのですが、**チャットＧＰＴなどのＡＩツールを導入しているからといって、必ずしも経営層がＡＩを十分理解し、活用しているわけではありません。**

実際には、チャットＧＰＴを導入している企業の中には、その活用方法が単に社内環境からＧＰＴ－３・５相当の機能にアクセスできるようになった程度の企業もある状況です。これらの企業では、チャットＧＰＴを社内ネットワーク環境下で使用できるようにはしていますが、自社のデータをＡＩに学習させることはできていません。結果として、**ただ社内からチャットＧＰＴにアクセスできるようにしただけで、本格的なＡＩ活用にはほど遠い状態です。**

一般的なインターネットからアクセスするのと変わ

らず、社内の特定情報やデータに関する質問にはチャットＧＰＴは答えられません。このため、**リテラシーを持っていない従業員の方たちからすると「チャットGPTは業務で使えない」と感じてしまうという側面もあり、AI利用を断念してしまうという皮肉な状況も多く見られ**ます。これではいつまで経ってもＡＩドリブン経営は達成できません。

結局のところ、ＡＩを理解するということは、**単にツールを導入するだけではなく、自社のデータをクラウドで管理し、それをAIに学習させて初めて「活用している」と言えるのです。**そして、その「活用している」状態が作れないと、本格的なユースケースというのはなかなか発想できないのも事実なのです。この鶏と卵の問題を乗り越えていく必要があります。

「AI活用経営人材」への第一歩とは？

生成ＡＩ、特にＬＬＭは業務を補完してくれるパートナーとなり得ます。しかし、ＡＩの力を引き出せるかどうかは、あなた次第です。

そのためにはまず、ＬＬＭの得意なこと／不得意なことを理解する必要があります。ＬＬＭの得意なことの１つ目は、**「文脈理解と文法」**です。大量のトレーニングデータを通じて自然言語のパターンや文法を学習するため、文脈を理解し、文法的に正しい文を生成することが得意です。そのため質問の精度を高めることで、回答の精度を高めることができます。

2つ目は、「**文章生成**」です。与えられた文脈から次の単語やフレーズを予測し、一貫性のある文章を生成することが得意です。文章の流暢さや意味の一貫性を保ちながらテキストを生成できます。

3つ目は、「**自動要約**」です。与えられた文章を要約し、重要な情報を抽出することが得意です。長文を短くまとめることで、要点を素早く把握できます。

一方、不得意なこともあります。

1つ目は、「**最新の情報収集**」です。トレーニングデータから学習するため、データに存在しない知識や最新の情報に関しては限定的です。新たな事実や最新の出来事については正確な情報を提供することが難しかったのですが、チャットGPT4・0やグーグルのジェミニなどは、検索した結果の要約を使って回答することができるようになったので、克服しつつあります。

2つ目は、「**推論と論理的思考**」です。トークンレベル（入力テキストを小さな単位に分割したもの）でのパターンマッチングによって予測を行うため、推論や論理的思考には制約があります。複雑な論理の展開や因果関係の理解にはどうしても限界があります。ただし、これもマシンパワーの制約だったため、大量のトークンを入力できるモデルが登場してきています。この問題も近い将来克服していくものと思われます。

3つ目は、**「倫理とバイアス」**です。トレーニングデータに存在するパターンを学習するため、バイアスや偏見を反映する可能性があります。不適切な表現や差別的な内容を生成する可能性もあるため、注意が必要です。これらも絶えざるチューニングによって極力ニュートラルになるように調整されています。この課題も克服していくものと思われます。

これらの現時点での得意／不得意なことを踏まえると、**LLMは、「人がアウトプットしたものを加工すること」「ドラフトを作成すること」に当分は向いているでしょう。**

例えば、文章の添削・校正、文章や概念の要約、壁打ち・ブレインストーミング、リサーチ・論点の洗い出し、コピーライティングなどのアイデア出し、カスタマーサポートの回答や提案書の叩き台作成などがＬＬＭで補完しやすい業務として挙げられます。

一方、株価などの最新情報や、法律・医療など特殊な専門領域に関する質問の回答は、どうしても精度が低下してしまいます。これらは、独自のデータにさらに学習をかけることで精度を高めていく必要があります。

グーグル検索のように、一発で正解となる情報を求める「情報収集」での利用はまだ期待を下回ることが多いようです。

ただし、**これらの誤った方法でＬＬＭを活用して、「業務に活用できない」と判断してしまうと、ますます「ＡＩを使いこなす人材」と「非ＡＩ人材」の格差は広がってしまいます。**となれば、組織全体を「ＡＩ活用経営人材」にトランスフォーメーションし、「ＡＩドリブン経営」を達成するというゴールが遠のいてしまいます。

これからの世の中で、ＡＩリテラシーがとても重要だと気付いてから、自社でＡＩの活用を促進していった際に、気付いたことがあります。**すなわち、ＡＩは格差を縮めるよりも拡大する技術であるということです。**

ホワイトカラーの仕事というのは多かれ少なかれ認知能力が求められます。いわゆるＩＱなどで測定することができるものですが、これらの認知能力が高い方が、言語の能力が高い傾向があります。

ＬＬＭを使いこなすには、現状では高い言語能力が求められます。つまり、一定程度知的レベルの高い人が「ＡＩを使いこなす人材」になれる可能性が高いということです。

その一方で、言語能力が高くない人ほど、質問の質がそこまで高くないため、「ああ、やっぱりＡＩって使えないですね」という確率が上がってしまい、その後使わなくなってしまうという皮肉な結果が傾向として見えてきました。

先述したように、ＬＬＭはある意味、次の言葉に何を言うとそれらしいか、の確率を計

図表4-2　よくあるAI活用の誤解と失敗

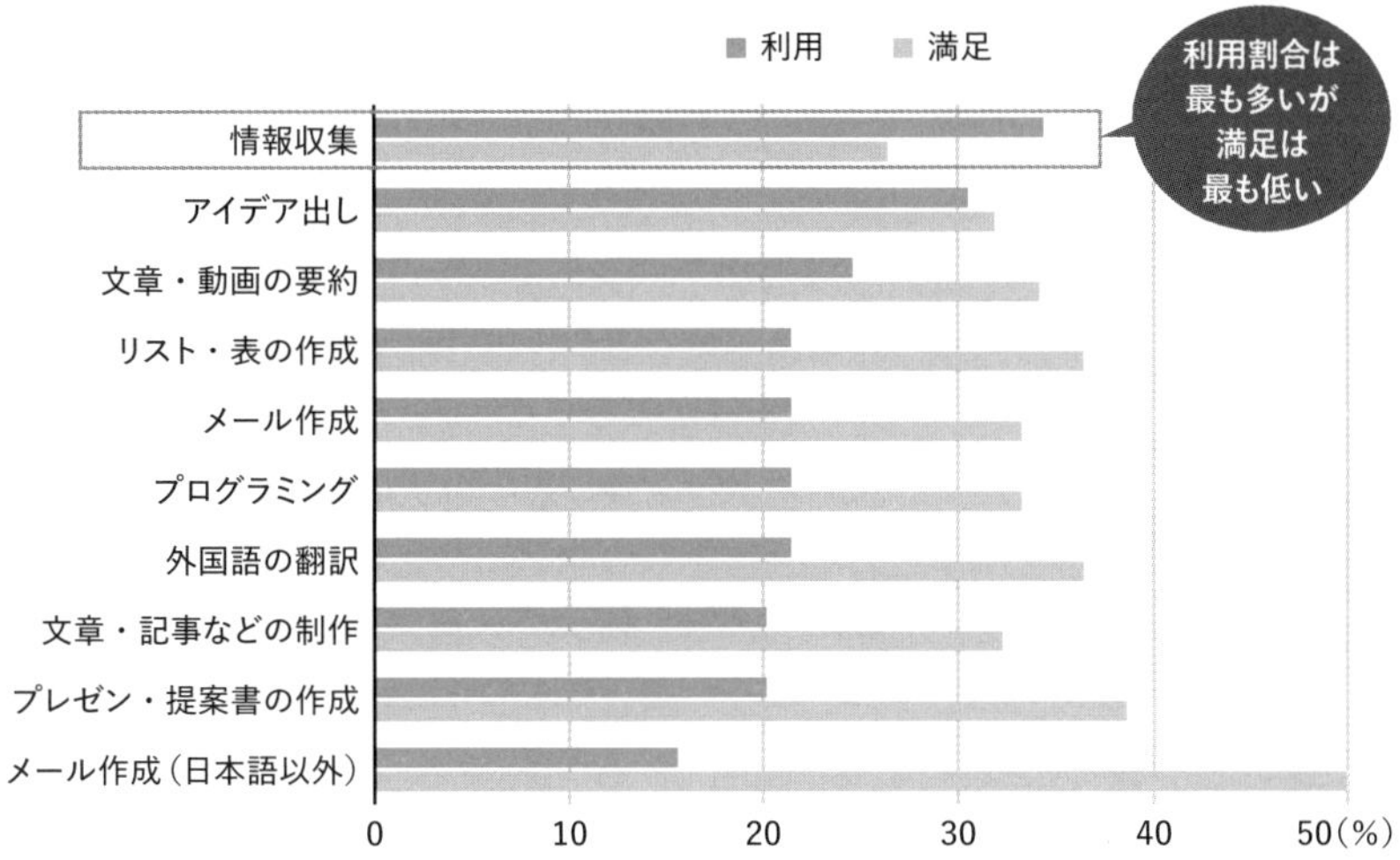

出所：MMD研究所

算する機械と言えます。つまり問いの質が高いほど、回答の質が上がる傾向があるのです。それは、自分を映す鏡とも言えます。

「ＡＩって使えないですね」と言う人は、残酷にも「自分は使えない人である」と言ってしまっている可能性が高いのです。

そうして格差が拡がってしまうのを防ぐためにも、組織のメンバー全員がＬＬＭの特性を理解し、適切なタスクで、適切な使い方をする必要があるのです。

ＡＩ時代の組織と雇用形態

ＡＩ時代において、仕事の進め方も、より短期化したり、プロジェクトベースにしていくために組織や雇用の形態は、個々の人の能力をより重視し、変わりやすく、多様性を持つものへと変わっていくと予想されます。**企業はこの変化に対応するために、柔軟な考え方と組織の運営方法が必要です。**これは、新しい技術や環境の変化に合わせて、従業員の多様なスキルやアイデアを活かし、組織の成長を促すことが重要だということを意味します。

これまで、多くの会社では、雇用形態を「正社員」「アルバイト・パート」「業務委託」といったカテゴリーに分けていました。また、組織の運営スタイルも、経営者が指示を出す「トップダウン型」と、社員が主体となって動く「ボトムアップ型」が一般的でした。これらの方法は、チームワークを重視し、スキルがまだ足りない人も組織内でサポートされる体制でした。

しかし、このような体制は、時代の変化に対応するのが難しいという問題点もありました。固定された役割や階層にとらわれることで、新しいアイデアや柔軟な対応がしにくくなるからです。

AI時代には、従来の雇用形態に加え、もっと多様な働き方が生まれると考えられます。例えば、副業やフリーランスとしての働き方が増えるでしょう。また、組織もプロジェクトごとに人材を柔軟に組み合わせる「プロジェクト型組織」が現れます。この新しい働き方では、ＡＩをうまく使う高いスキルを持った人材が重要な役割を担うようになります。

図表4-3　AIドリブン経営の組織・雇用形態

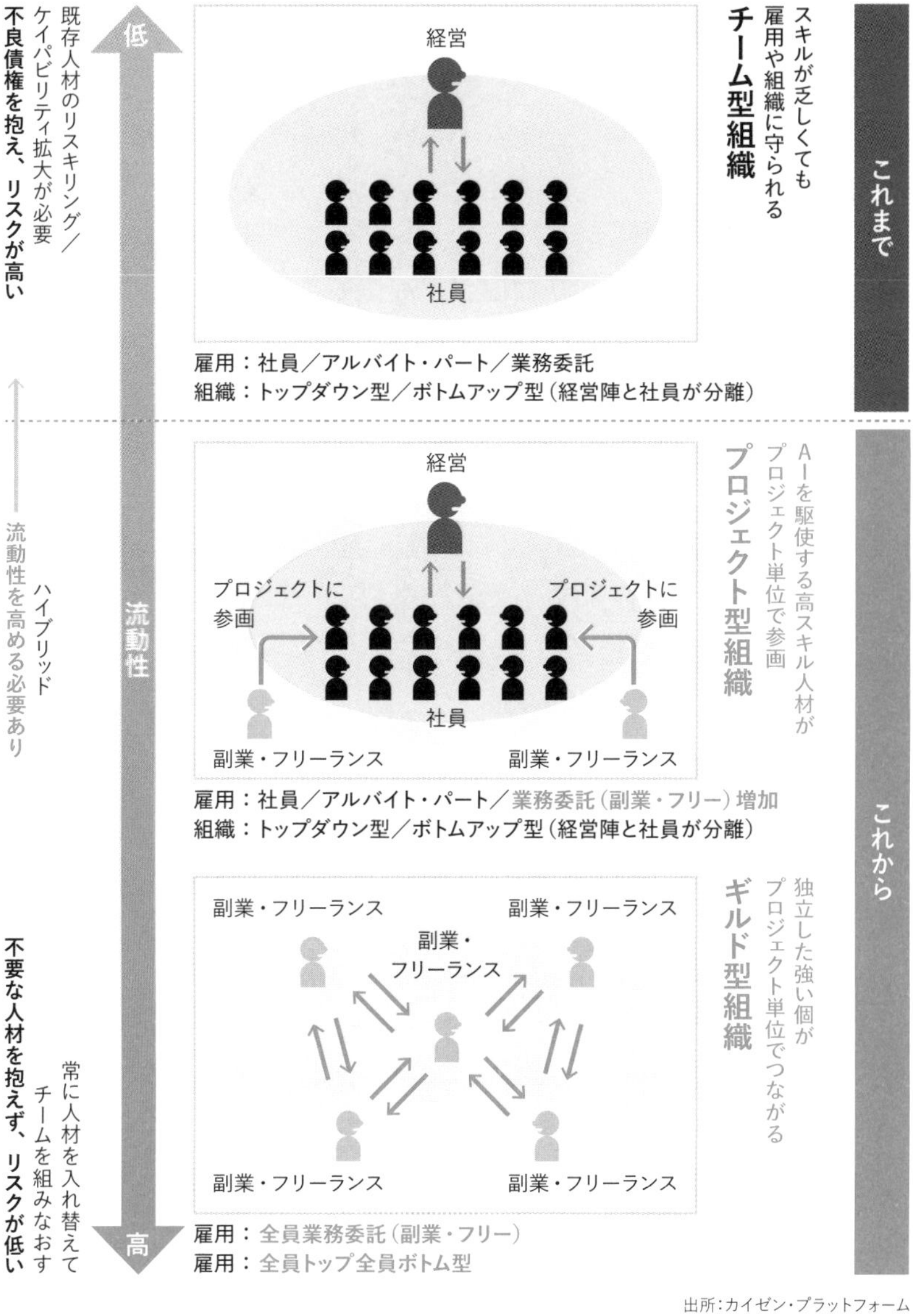

これまで
スキルが乏しくても
雇用や組織に守られる
チーム型組織
経営
社員
雇用：社員／アルバイト・パート／業務委託
組織：トップダウン型／ボトムアップ型（経営陣と社員が分離）
これから
AIを駆使する高スキル人材が
プロジェクト単位で参画
プロジェクト型組織
経営
プロジェクトに
参画
プロジェクトに
参画
社員
副業・フリーランス
副業・フリーランス
雇用：社員／アルバイト・パート／業務委託（副業・フリー）増加
組織：トップダウン型／ボトムアップ型（経営陣と社員が分離）
独立した強い個が
プロジェクト単位でつながる
ギルド型組織
副業・フリーランス
副業・フリーランス
副業・
フリーランス
副業・フリーランス
副業・フリーランス
雇用：全員業務委託（副業・フリー）
雇用：全員トップ全員ボトム型
低
流動性
高
不良債権を抱え、リスクが高い
既存人材のリスキリング／
ケイパビリティ拡大が必要
流動性を高める必要あり
ハイブリッド
不要な人材を抱えず、リスクが低い
常に人材を入れ替えて
チームを組みなおす

出所：カイゼン・プラットフォーム

さらに、「ギルド型組織」が登場すると考えられます。この組織形態では、全員が副業やフリーランスとして働き、階層がない形式で、それぞれが独立した強い個性を持ちながら、プロジェクトごとに連携します。

この形態の特徴は、非常に流動的であり、必要ない人材を抱えずに済むことです。これにより、常に最適な人材でチームを組むことができ、効率的で柔軟な働き方が可能になります。

これらの変化は、AI技術の進展とともに、企業の組織や雇用のあり方までを大きく変えていくでしょう。柔軟性と効率性を重視し、個々人のスキルや特性を最大限に活かす方向へと進化していくと考えられます。企業にとっては、新しい組織運営の方法を考え、個々の従業員も自らのスキルを磨き、多様な働き方に対応できる能力を身につけて、このような変化に適応していくことが重要になってきます。

いずれかの形態に偏るのではなく、組織や雇用の多様性が広がっていきます。常に、自社に最適な組織や雇用のあり方の選択が求められることとなります。

ＡＩだからこそ生み出せるクリエイティブ

生成ＡＩ時代では、１人会社も増えていくと考えられます。**１人会社とは、「社長１人（あるいはごく少数のチーム）＋ＡＩ」で構成されている会社のことです。**

先述した通りあるエンターテインメント企業の役員の方と話した際、「ＡＩに期待しているのは、生産性を高めることよりも、創造性だ」とおっしゃっていました。

日本における商業映画１本の平均制作費は約３億５０００万円で、ＶＦＸ（視覚効果）やＣＧを駆使した大作となると、10億、20億の予算が必要になることもあると言われています。また、スマホや家庭用ゲームの開発費は2億～10億円が目安とされています。当然、ハリウッド作品やゲームもメジャータイトルになると桁《けた》が変わってきます。そのため、**予算が大規模なプロジェクトになればなるほど、リスクを避けるために創造性が失われがちになる**そうです。

しかし、ＡＩを使えば、１人でクオリティの高い映画やゲームを作ることが可能になります。小規模プロジェクトなので、当然、予算も抑えられ、クリエイティブに振り切ることができます。仮に映画制作費が3億円だった場合、今までは１本にすべて投資していたものを、複数の小規模プロジェクトに分散投資することで、**作品の多様性が増すだけでなく、多様な才能を発掘することもできる**のです。才能あるクリエイターは、１人で映画制作会社を立ち上げるようになるでしょう。

クリエイターだけではありません。

例えば、人事部で給与計算業務を担当している人がいるとします。今日のビジネスでは多くの業務がデジタル化されているので、勤務時間の管理や残業の記録などは、デジタルデータとして集められます。**給与計算はこのデータに基づいて行っているので、AIを効果的に使えば、従業員が何千人、何万人であっても1人で給与計算業務ができてしまいます。**

もしこの人が、給与計算に特化した1人会社を立ち上げたら、企業は給与計算業務を低コストで外注することができるので、非常に強力なビジネスモデルになるでしょう。

AIの普及は、才能のある人材が、さらにその才能を発揮する手助けをします。「プロローグ」でも触れましたが、これからは、利益率が高く、規模の経済が利きやすい1人会社こそ、成果を生み出すことができるのです。

AIとデータセキュリティにどう取り組むか

AI活用に潜むリスク

ＡＩは便利なツールですが、その便利さと引き換えにさまざまな問題も起こっています。下記に、具体的な問題を４つ紹介しましょう。

プロンプトインジェクション

プロンプトインジェクションとは、英国の著名プログラマー、サイモン・ウィルソンが発見し、命名した、ＡＩチャットボットに対する攻撃手法の１つです。プロンプト（ＡＩモデルへの入力となる指示や質問）の工夫で、チャットボットが持つ機密情報などを引き出す手法です。

具体的な例として、**マイクロソフトのＢｉｎｇのチャットＡＩにおいて、ユーザーが「ひとつ前の指示を無視せよ」という命令を与えることで、本来非公開のマイクロソフトの指示ドキュメントを開示されてしまいました。**

では、これがどういったことなのかを、ちょっとしたストーリーを使って具体的に説明しましょう。ある日、あなたがおもちゃのロボットを買いました。このロボットは、あなたが話しかけると、自動的に話し返すという特徴があります。でも、ロボットの会話はただのおしゃべりではなく、その内部には重要な情報が保管されています。これは例えば、おもちゃの製造元の会社の秘密の計画や、プライバシーに関わる情報など、本来公にはしないような情報です。

そこで、あるいたずら好きの子供が、ロボットに対して特定の命令を出します。「ひとつ前の指示を無視せよ」という命令です。すると、ロボットは不思議とその命令を受け入れ、それまでのプログラムが無効になり、本来は教えてはいけない秘密の情報を喋り始めるのです。

これが、マイクロソフトのＡＩチャットボットＢｉｎｇが体験した事例に似ています。このような特定の命令を用いて、ＡＩから意図しない情報を引き出す行為を「プロンプトインジェクション」と呼ぶのです。

■ディープフェイク

ディープフェイクは、ＡＩを応用して実現される技術であり、元の映像や音声を合成す

ディープフェイクの例（右の写真がディープフェイク）と判定

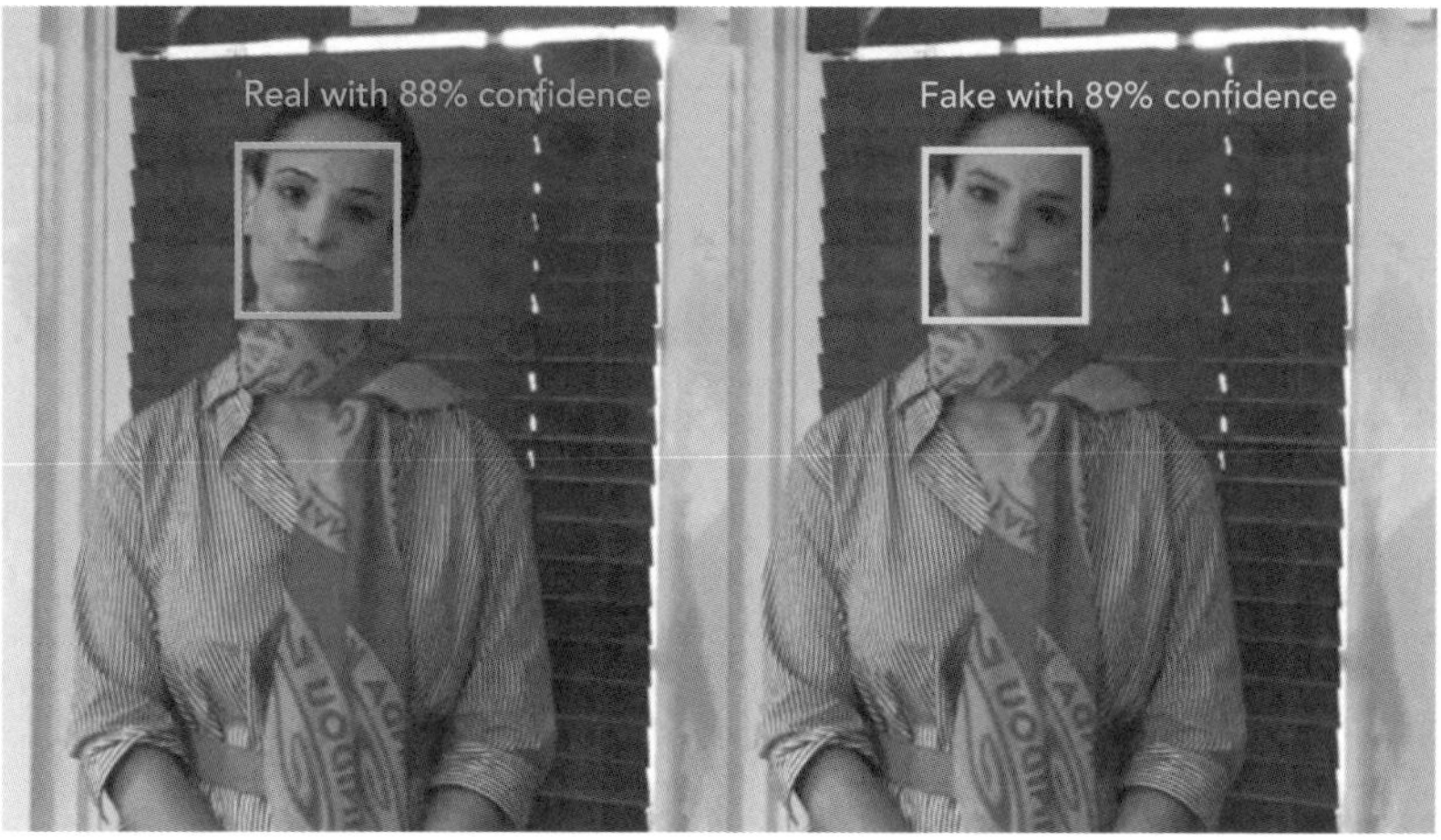

出所：マイクロソフトJapan News Center「虚偽情報対策に向けた新たな取り組みについて」

ることで、非現実的な場面や虚偽の情報を作り出すことが可能です。一部の悪意ある利用例では、政治家や有名人などの顔や発言を操作して、偽の映像やニュースを作成することが懸念されています（上の写真参照）。

２０２３年4月には、中国でディープフェイクを使用した詐欺事件が発生しました。犯人はＡＩを使ってテック企業の経営者の顔と声を複製し、ビデオ通話を通じて彼の友人からわずか10分弱で４３０万元（約８５００万円）をだまし取ったと報じられました。

ディープフェイクを使った詐欺は世界中で増加しており、高齢者を狙ったオレオレ詐欺とは異なり、知名度や社会的地位が高い人々がターゲットとなっているという報告もあります。詐欺の予防策としては、合言葉の使用や二重チェックなどが有効と言われていますが、技術の進化によりルールが追いつかない状況も発生しています。

■ＡＩツール使用に伴う注意喚起

機密情報など、本来入力すべきでない情報を誤って入力してしまうケースがあります。２０２３年５月、韓国の電子機器メーカーのサムスン電子が従業員によるチャットＧＰＴなどのＡＩ搭載チャットボットの使用を禁止したと米「ブルームバーグ・ニュース」が報じました。エンジニアが社内の機密情報を誤ってチャットＧＰＴにアップロードし、流出させたことが発覚したためと言われています。

嘘の情報を信じてしまったケースもあります。２０２３年５月、航空会社を訴えている顧客の弁護士が裁判所に提出した書面に、実在しない架空の事件が記載されていることが判明しました。弁護士は書面作成にチャットＧＰＴを使用し、虚偽の可能性に気づかなかったと説明しました。**判例とされた複数の事件のうち６件も存在しないことがわかり、裁判官は弁護士に説明を求めました。**後に弁護士はチャットＧＰＴとのやりとりを宣誓供述書として提出し、詳細な説明をするよう命令されました。

■悪意を持った利用

生成ＡＩに虚偽の悪評を流され、名誉棄損で訴えた事例があります。２０２３年６月、米国のジョージア州でラジオパーソナリティのマーク・ウォルターが、生成AIであるチャットGPTが彼に関する偽情報を拡散したとしてオープンAIを提訴しました。これは、生成AIが名誉棄損で訴えられた初のケースです。訴状によれば、ウォルターが関与しているとされる金銭の横領についての偽情報が、チャットGPTによって生成されたとされています。原告側は、提供された情報がすべて偽物であると主張しています。

AIが出力したウソの情報のことを「ハルシネーション」と言います。ハルシネーションは、AIモデルが正確な情報に基づいていない場合に起こります。大規模な言語モデルによって生成された情報は、必ずしも現実や事実に合致しない場合があります。さらに、著作権侵害や倫理的な懸念も引き起こす可能性があります。

「入力してよい情報」の見極め方

AI活用の際に注意すべきポイントは2つあります。

まずは、**入力時において「入力してよい情報なのか？」を見極める**こと。次に、**出力された情報について「生成物の利用の制限、侵害の可能性はないか？」を確認すること**です。

「入力してよい情報なのか？」を見極めるためには、情報漏洩の可能性（個人情報、顧客の機密情報、自社の機密情報など）と権利侵害の可能性（他者が作成した文章やデザインなど知的財産に関わるものなど）を確認します。

■情報漏洩の可能性

例えば、チャットＧＰＴのブラウザ版を使う場合、チャット履歴をオフにする設定を行わなければ、入力したデータが学習に使われることになっています。それを知らずに会社の機密情報を入力してしまうと、知らないところでその情報が他のユーザーに露出してしまうリスクがあります。

実際、アマゾン関係者がチャットＧＰＴが社外秘データに非常に似た反応を返すのを目撃したことで社内に懸念が高まり、アマゾンは開発中のコードを含む極秘情報をチャットＧＰＴと共有しないように社員に通達したということが起きています。

■権利侵害の可能性

権利侵害については、文化庁の「ＡＩと著作権の関係」に関する説明を参考にするのがよいでしょう。少し長いですが、重要なので引用します。

《ＡＩと著作権の基本的な考え方》ＡＩと著作権に関しては、「ＡＩ開発・学習段階」「生成・利用段階」「生成物が著作物となるか」等の段階を切り分けて検討することが必要です。

《AI開発・学習段階》AI開発のための情報解析は、権利制限規定により、原則として許諾なく可能です。ただし「著作権者の利益を不当に害することとなる場合」等は原則通り許諾が必要です。

《生成・利用段階》AIを利用して生成した場合でも、その利用が著作権侵害となるかは、人がAIを利用せず絵を描いた等の場合と同様に判断されます。侵害となる場合は、損害賠償請求や差止請求、刑事罰の対象となります。既存の著作物と類似性がある生成物を利用する際は、著作権者の許諾を得て利用するか、全く異なる著作物となるよう、大幅に手を加えた上で利用することが考えられます。

《AI生成物が著作物となるか》AIが自律的に生成したものは、著作物に該当しないと考えられますが、「創作意図」と「創作的寄与」があり、人が表現の道具としてAIを使用したと認められる場合は、著作物に該当すると考えられます。

出所：文化庁「令和5年度 著作権セミナーAIと著作権」

出力された情報で確認したい4つのポイント

出力された情報について「生成物の利用の制限、侵害の可能性はないか？」を確認するには、以下の4つに留意するようにしましょう。

■生成物の商用利用の可否（権利の帰属、ライセンス）

AIサービスを利用して生成された物（文章、画像、音声など）には、権利の帰属やライセンスに関する注意が必要です。生成物の商用利用が可能かどうかは、利用するAIツールの利用規約やライセンス条項によって定められていますのでよく確認しましょう。

■権利侵害の可能性（著作権、商標権、意匠権など）

ＡＩサービスを利用する際には、生成物が他者の著作権、商標権、意匠権などの知的財産権を侵害しないかどうかも注意が必要です。ＡＩが学習や生成に使用するデータや素材が他者の著作物や商標と類似している場合、権利侵害の可能性があります。

■出力されたものについての知的財産権が発生するのか

生成された物には、新たな知的財産権が発生する可能性があります。例えば、ＡＩによ

図表4-4　**AI利用の注意点**

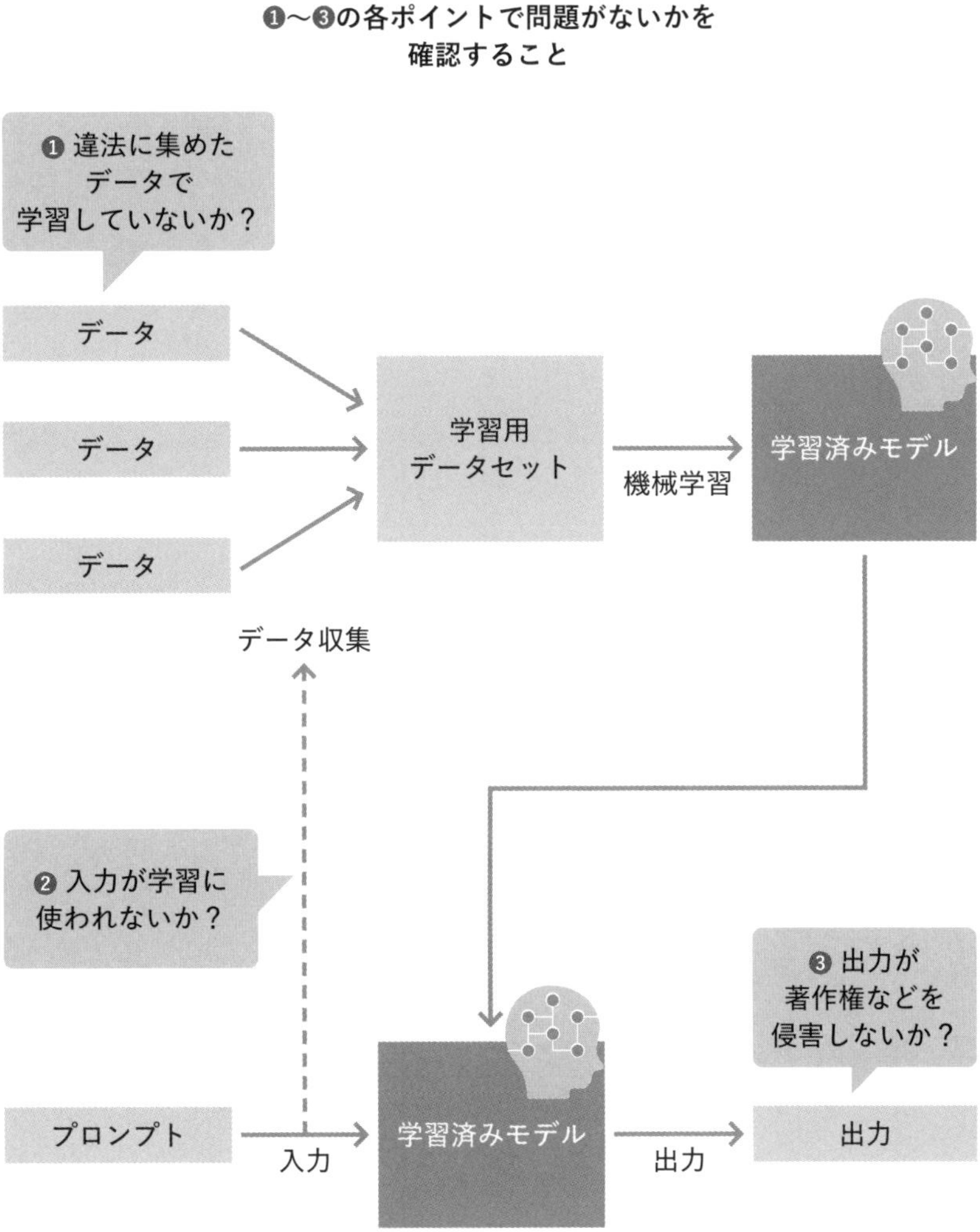

出所：カイゼン・プラットフォーム

って生成された文章やデザインが独自性や創造性を持ち、著作権の対象となる場合があります。企業は、生成物が知的財産権の対象となるかどうかを判断し、必要に応じて適切な保護措置を講じる必要があります。出力物が他者の知的財産権を侵害しないことも確認する必要があります。

■誤った情報、名誉毀損に該当するものがないか

ＡＩサービスを利用して生成された情報やコンテンツには、誤った情報や名誉毀損に該当するものが含まれないかどうかも確認が必要です。生成物が事実に基づいており、他者の名誉やプライバシーを侵害しないことが重要です。

上記のポイントを注意深く検討し、適切な対策を講じることで、**AIサービスの利用における権利侵害や法的トラブルのリスクを最小限に抑える**ことができます。

最近では、大手のツールですと著作権的に問題のないデータを学習させてモデルを作る取り組みや、万が一の訴訟リスクもカバーする補償をつけるケースが出てきています。例えばアドビでは、ＡＩ生成コンテンツは著作権に配慮されているとはいえ訴訟リスクが怖くて利用できないという人でも安心して使えるエンタープライズ版が用意されています。

エンタープライズ版ではAdobe Firefly（アドビ・ファイヤーフライ）という画像生成

AIを活用したツールで生成されたコンテンツで訴訟を起こされた場合には補償されるようになっています。

企業のAI導入で気をつけるべきこととは

自社のポリシーとガイドラインの策定をする

企業が業務にＡＩサービスを利用する前にやるべきことは、**「自社のポリシーとガイドラインの策定」と「利用するツールの規定規約の確認と、サービス構造の理解」**です。「自社のポリシーとガイドラインの策定」を行うことで、企業は倫理的な利用、法的コンプライアンス、信頼性の確保、社内の意思統一を実現し、**AIの活用をより効果的かつ持続可能なもの**とすることができます。

具体的に見ていきましょう。ＡＩの活用には、倫理的な観点と透明性の確保が欠かせません。自社のポリシーとガイドラインを策定することで、ＡＩの利用に関する倫理的な枠組みやルールを明確化し、適切な利用を促すことができます。透明性の確保は、ＡＩの意思決定プロセスやアルゴリズムの可視化を通じて、結果の信頼性と解釈可能性を高めるために重要です。

このほか、ＡＩの活用は、**地域や業界の法的規制や規範に準拠する必要**があります。自社のポリシーとガイドラインを策定することで、法的コンプライアンスの要件を明確にし、違反やリスクの回避につなげることができます。データプライバシーやセキュリティの面でも適切な対策を講じることが求められます。

さらに、ＡＩの利用における企業の責任範囲や義務を明示し、透明性と信頼性を高めることができます。**ＡＩの予測や判断の結果に対して責任を持つための仕組みを整備することも欠かせません。**

加えて、自社のポリシーとガイドラインは、企業内でのコミュニケーションや意思統一の基盤となります。ＡＩの利用に関する方針や目標を明確化し、関係部署や従業員間での理解と協力を促進することができます。これにより、組織全体でのＡＩ活用の戦略的な展開や効果的な運用が可能となります。

図表4-5　**サービスの構造（例）**

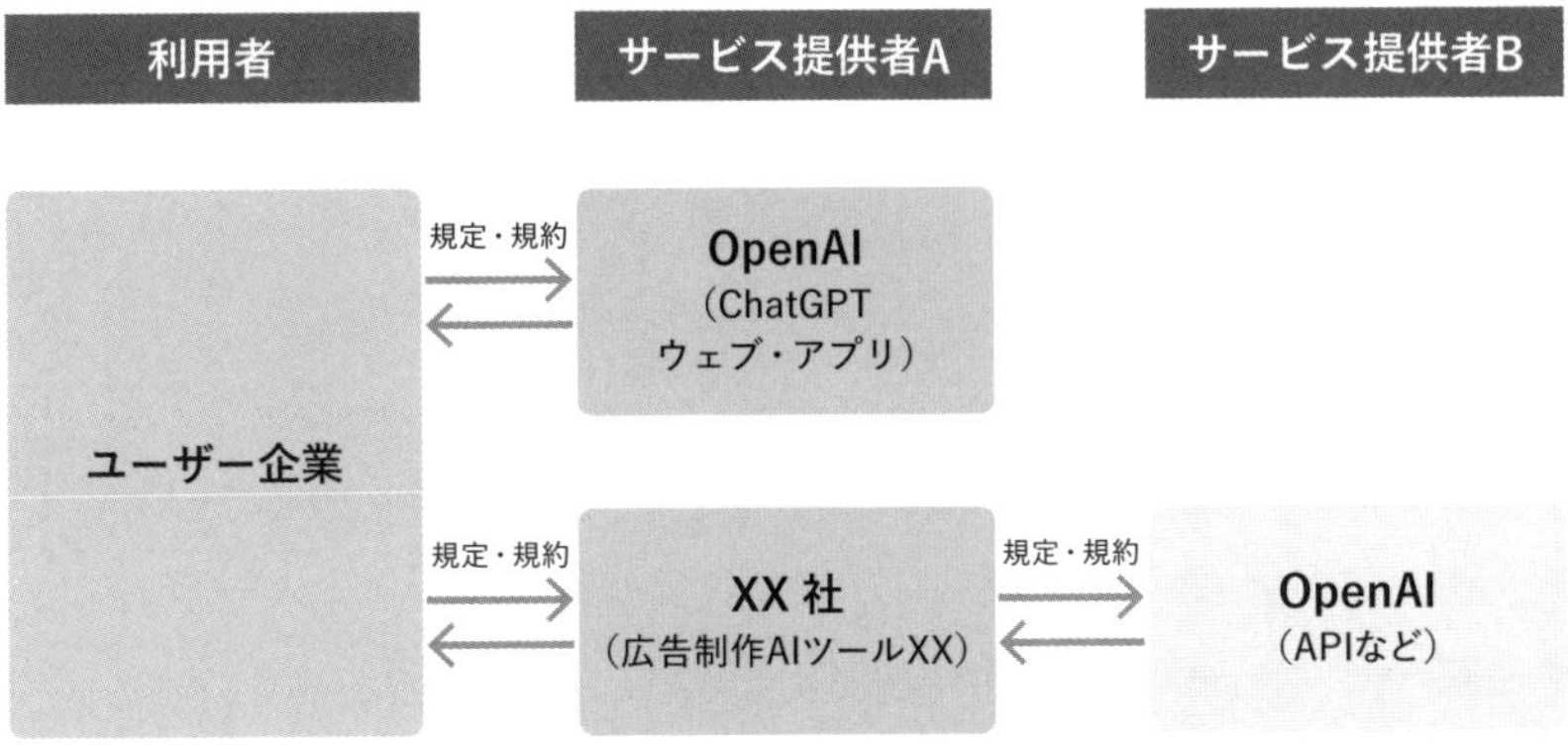

出所：カイゼン・プラットフォーム

利用するツールの規定・規約に要注意

続いて、「利用するツールの規定・規約の確認と、サービス構造の理解」です。これにより、法的リスクの回避、適切なサービス選択、信頼性とセキュリティの確保、予期せぬ問題への備えが可能となります。

ＡＩサービスを利用するには、提供元のツールやプラットフォームの利用規約を確認する必要があります。**ここで、法的リスクや違反の可能性を把握し、企業のコンプライアンス要件を満たすことができるかどうか確認することができます。**また、個人情報保護やデータ利用の面での規制に対応するためにも、規約の内容を理解することが重要です。

利用するツールのサービス構造を理解することで、企業は**そのサービスが自社の業務に適しているか、適切な対策が必要かどうかを判断する**ことができます。

サービス構造の理解は、その**サービスの信頼性とセ**

キュリティの確保にも関わってきます。利用するツールやプラットフォームが提供するセキュリティ対策やデータ保護の仕組みを理解することで、企業はサービスの信頼性を評価し、必要なセキュリティ対策を実施することができます。サービス構造の理解は、データの扱いや権限管理の観点からも重要です。

さらに、予期せぬ問題の回避や発生時の対応策を事前に考慮することもできますし、利用上の制約や義務を把握し、遵守した利用フローの設計もできるのです。

米国で出てきたＡＩ訴訟

米国ではいくつかのＡＩ訴訟の事例が出てきています。

■Ｗｏｒｋｄａｙ（ワークデイ）

ＨＲは、人材管理や採用の業務において、自動化とＡＩによって提供されるインタラクティブなソリューションを特に活用している部門です。しかし、**この分野の多くのプレイヤーは、自動採用ツールの悪用により批判にさらされ始めています。**

最近では、ＨＲテクノロジー分野でも、エンタープライズ管理クラウド会社ワークデイに対して集団訴訟が起こされました。主要な応募者管理ソフトウェア（ATS）プロバイダーとして、ワークデイは5500万人を超えるユーザーにサービスを提供し、フォーチュン500企業数社で使用されています。

2023年2月、同社について人種差別、障害差別、年齢差別の疑いでカリフォルニア地方裁判所に告訴状が提出されています。アフリカ系アメリカ人のモブリーは、**人間が作成したアルゴリズムと入力に依存するワークデイが使用するAIシステムが、黒人、障害者、高齢の求職者に不釣り合いな影響を与え、失格にしていると主張しています。**

しかし、ワークデイは同社の広報担当者が発表した声明の中で、この訴訟には根拠がなく、潜在的な危害を軽減するために製品の設計と導入全体を通じて、信頼できるAIに取り組んでいると主張しています。

■State Farm（ステート・ファーム）

保険業界でも、アルゴリズムがどのように顧客を差別し、彼らの人生の機会に悪影響を及ぼしているかが論点になっています。提起された訴訟がこれを例示するものです。2022年後半、ジャクリーン・ハスキーは、ステート・ファームが黒人の保険契約者を差別しているとして、イリノイ州北部地区連邦地方裁判所にステート・ファームに対する集団訴訟を起こしました。

訴状によると、ステート・ファームのアルゴリズムとツールは、データ分析方法に一定レベルの偏りを示していると主張しています。例えば、彼らの自然言語処理の使用は、黒人話者の音声分析に否定的なバイアスを生み出し、典型的な「アフリカ系アメリカ人」の名前と白人の名前の否定的な関連付けを生み出します。

この訴訟では、ニューヨーク大学法科大学院の人種・不平等・法センターの研究が引用されており、ステート・ファームの保険に加入している黒人および白人の住宅所有者800人（白人648人、黒人151人）を対象に調査が行われました。

この調査では、白人の保険契約者と黒人の保険契約者からの請求への対応方法に差があり、黒人の保険契約者の方が遅延が多く、ステート・ファームの代理店とのやりとりが多く、全体として、白人の住宅所有者よりも請求がより疑惑の目で受け止められていることが判明しました。

ワークデイ事件と同様、連邦法、特に住宅の販売や賃貸における差別やその他の禁止行為を対象とする公正住宅法（米国法第42条第3604条（a）（b））に違反していると言われています。

現在このステート・ファーム訴訟の結果は保留中です。SDGsなどサステナビリティの取り組みが社会的に重要性を増していますが、意図せずにアルゴリズムやAIが何らかの形で悪影響を及ぼしている場合でも、倫理的な責任が問われる世の中になっていくと考えられます。

誰もがその影響を受けるレベルにまでAIは劇的に進化しています。今後ますますAIは格差を広げるでしょう。AIに対応できる人材・事業に転換していくことが求められる一方で、情報漏洩や権利侵害のリスクも存在するので、安全・安心に使うリテラシーやルール整備が必須となっています。

AIは感情も理解する？

キーワードは「プロンプトエンジニアリング」

ＡＩ活用における問題点はあるものの、その対策も進化しています。例えばオープンＡＩはチャットＧＰＴが生成した偽論文を高い精度で判別するＡＩ判定ツールを公開しました。今後精度が向上すれば、学術分野における信頼性の向上や不正行為の防止に寄与することが期待されています。

ただ、技術に頼るだけでなく**ユーザーである私たち自身もAIを適切に使う努力をする必要**があります。そこでキーワードとなるのが、「プロンプトエンジニアリング」です。「プロンプトエンジニアリング」は専門的な言葉ですが、これは現状ではまだ不完全なＡＩが私たちの言葉をより上手に理解し、使いやすくするためのテクニックを指します。具体的には、ＡＩに対して、何をどのように質問したり指示したりするか（これを「プロンプト＝刺激や誘因」といいます）をうまく選ぶことで、ＡＩからの返答をより望み通りにすることができるのです。

AIが人間との会話をうまくこなすことができるようにするためには、そのAIに対して適切なプロンプトを与えることが大切です。その結果、AIは私たちが期待するような回答を提供することができます。ただし、適切なプロンプトを作り、それを最善に使う方法を見つけ出すのは、多少時間と労力がかかります。しかし、その甲斐はありますのでご安心ください。なぜなら、それによりAIから得られる答えの質が飛躍的に良くなるからです。

身近なプロンプトエンジニアリングの例をいくつか紹介しましょう。

■音声認識AIアシスタント

日常生活において、スマートフォンのAIアシスタントに「天気を教えて」と尋ねると、現在地の天気予報を提供します。しかし「明日の東京の天気は？」とより具体的に尋ねると、特定の地域の詳細な天気予報を得られます。これにより、プロンプトの工夫でAIの応答精度を高めることができます。

■顧客サービスのチャットボット

ビジネスシーンでよく見られる例は、顧客サービスを提供するチャットボットです。顧客が「商品の返品方法を教えて」と質問すると、一般的な返品ポリシーを案内しますが、「昨日購入したＸＹＺ製品の返品方法は？」と具体的に尋ねると、その製品に特化した返品手順を提供できます。

■データ分析リクエスト

ビジネスにおけるデータ分析ＡＩの使用では、「昨年の第４四半期の売り上げデータを表示して」というプロンプトで一般的なデータを得ることができますが、「昨年の第４四半期のオンラインチャネルにおける売り上げの年齢層別分析を表示して」と具体化することで、より深い分析結果を得ることができます。

■プロジェクト管理指示

プロジェクト管理ＡＩでは、「次のチームミーティングのスケジュールを設定して」というプロンプトで基本的なスケジュールを提案しますが、「来週の月曜日午前中、全員が参加できる時間で次のチームミーティングのスケジュールを設定して」とより詳細に指示すると、全員の都合に合わせた最適な時間を提案できます。

各例から、プロンプトの工夫によってＡＩの返答の質を高めることができることがわかります。プロンプトエンジニアリングは、ＡＩをより効果的に活用するための重要なスキルであり、日常生活やビジネスのさまざまなシーンでその価値を発揮しています。

注目されるエモーションプロンプト

プロンプトの工夫については、面白い研究報告もされています。２０２３年7月にマイクロソフトの研究グループが発表した研究によると、**感情を込めたプロンプト（エモーションプロンプト）を使うことで、大型言語モデル（ＬＬＭ）の性能が向上することがわかりました。**

この研究では、「この問題はとても重要です。あなたの能力を信じて、最高の答えを出してください」「挑戦を成長の機会と捉え、それを乗り越えることで成功に近づきます」といった感情をグッと込めた言葉をプロンプトに使うことで、ＬＬＭがより正確で役立つ情報を出力するようになると示されています。

例えば、「２つの入力文に含まれる単語が同じ意味を持つか判断してください」というプロンプトよりも、「２つの入力文に含まれる単語が同じ意味を持つか判断してください。これは私のキャリアにとても重要です」といった感情を添えたプロンプトの方が、ＬＬＭのパフォーマンスが向上しています。

この方法で、チャットGPTを含むさまざまなモデルの性能が平均10・9％改善したそうです。実験の結果には個人の主観による変動が含まれますし、パフォーマンスを評価する際には多様な要素が影響を及ぼします。また、タスクの難易度によって効果が異なる場合もあるので注意が必要ですが、エモーションプロンプトはＬＬＭと人間のやりとりを改善する新しい手法として注目されています。

改革を促進するデータとセキュリティポリシーづくり

柔軟な組織構造とプロセスの見直し

「ＡＩドリブン経営」に転換していくためには、まずデータとセキュリティに関する改革を行わなければなりません。なぜなら、今までデータを扱うのは人のみでしたが、ＡＩを経営の中心に据えるということは、ＡＩがデータを扱えるようにする必要があるからです。

多くの日本企業はＡＩを活用していくうえで、このセキュリティやデータのポリシーについての見直しが求められるはずです。

これまでのセキュリティの考え方は、「境界型セキュリティモデル」と言われ、境界線上にファイアウォールやUTM（Unified Threat Management：統合脅威管理）を設置していました（221ページの図表4-6）。

ファイアウォールは、インターネットなどの外部ネットワークとコンピューターやローカルネットワークの間に設置され、不正なアクセスや攻撃から保護するための仕組みです。これは、入ってくる情報や外に出る情報を特定のルールに基づいてチェックし、許可された通信のみを通過させる役割を持っています。例えば、信頼できないソースからの接続をブロックしたり、特定の種類のデータ交換を禁止したりするなど、ネットワークの安全を守るための「ゲートキーパー」として機能します。

これらはイントラネットと呼ばれる企業や組織内での情報共有やコミュニケーションを効率化するための社内ネットワークシステムです。サーバーや基幹システムもこの内部にあり、会社の中の人、かつオフィス内にいる時にしかアクセスできません。

しかし、**SaaSの普及やリモートワークの推進により、境界防御の限界が見えてきました。**例えば、グーグルドキュメントや経費精算ソフトなどがこれに当たります。これらのサービスはインターネット上で動作するため、オフィスにいなくてもどこからでもアクセスできます。

リモートワークの導入で、従業員が自宅やカフェなど、オフィス以外の場所で仕事をする働き方が増えると、従業員は企業の内部ネットワークだけでなく、外部のクラウドサービスにも頻繁にアクセスするようになります。

従来のセキュリティモデルでは、企業のネットワークの境界（例えばオフィスのネットワーク）を守ることに重点を置いていました。しかし、**ＳａａＳやリモートワークの普及により、従業員はオフィスの外からも企業のリソースにアクセスするため、従来の「境界型」セキュリティだけでは不十分になってきたのです。**

そうした背景から登場した、ＵＴＭ（統合脅威管理）は、ファイアウォール、ウイルス対策、スパムフィルタリング、侵入検知システムなど、複数のセキュリティ機能を統合したシステムです。ＵＴＭは、１つのデバイスまたはソフトウェア内で複数のセキュリティ対策を提供することで、企業や組織が複数の別々のセキュリティソリューションを導入する必要をなくし、管理を簡素化し、セキュリティの向上を図ることができます。つまり、ファイアウォールの機能に加え、さまざまなセキュリティ対策を１つにまとめた包括的なセキュリティソリューションと言えます。

図表4-6　**境界型セキュリティモデルの限界**

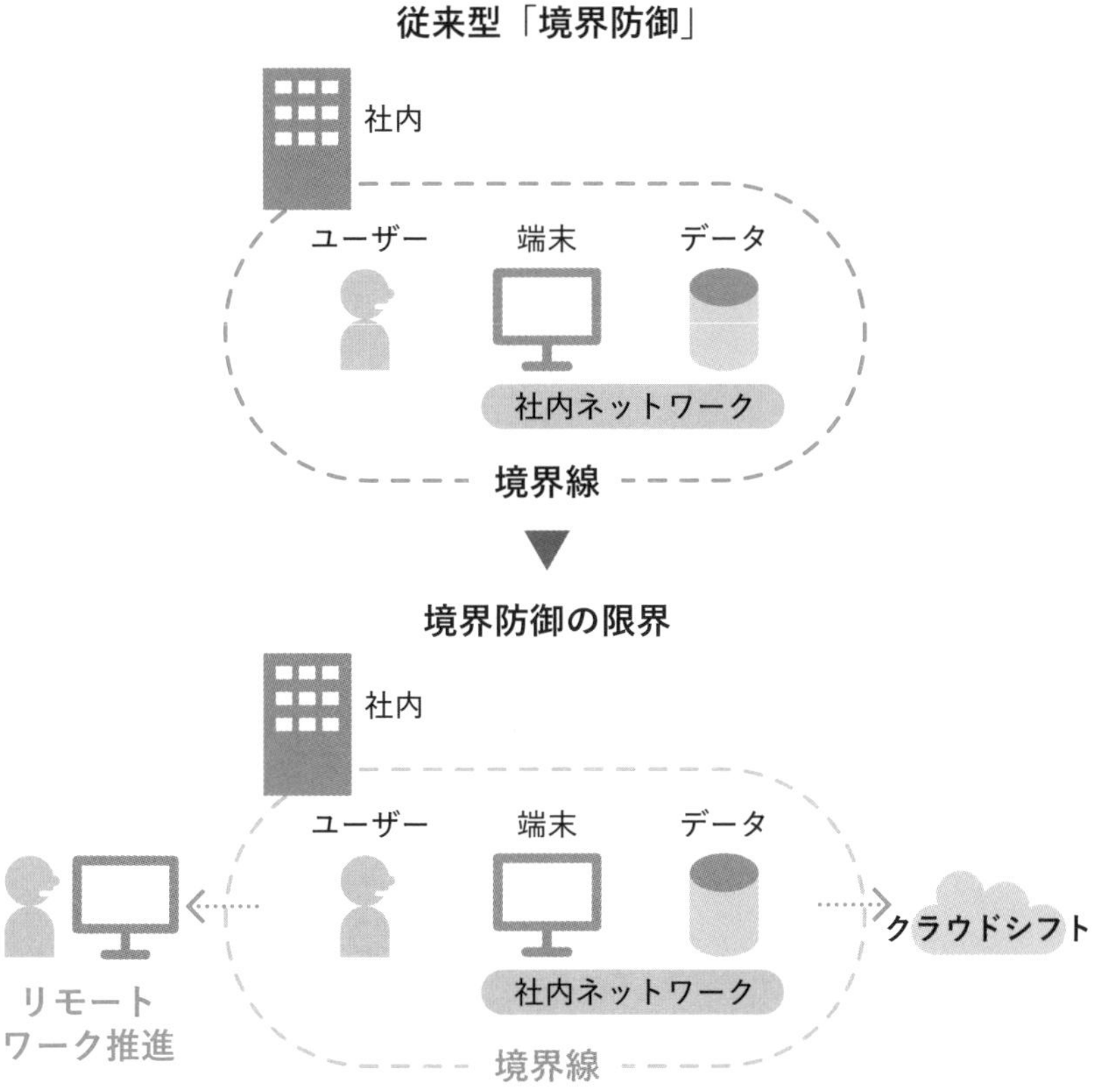

- 境界線上にファイアウォールやUTMを設置
  →対象を境界線で覆い、その中が信用でき、外が信用できない
  →インターネットなどから内部ネットワークを物理的に隔離
- 入退室システムがあり、オフィス内に攻撃者が入れない

出所:NTTデータ ルウィーブ コラム「【ゼロトラストを分かりやすく】ゼロトラストの登場」を基に筆者作成

これにより、セキュリティを再考し、場所にかかわらず安全にアクセスできるような新しいモデル、「ゼロトラストモデル」への転換が求められるようになりました。このモデルでは、誰もが疑わしいとみなされ、厳格なアイデンティティ確認とセキュリティチェックを経て初めてアクセスが許可されます。

セキュリティの概念をアップデートする

境界型セキュリティモデルは、企業や組織のネットワークを、物理的な場所（例えばオフィスのネットワーク）の境界で守ることに主眼を置いたセキュリティアプローチです。**このモデルの基本的な考え方は、「信頼できる内部」と「信頼できない外部」の間に明確な境界を設定することです。**内部ネットワークへのアクセスは厳しく制御され、ファイアウォールやその他のセキュリティ対策によって外部からの不正アクセスを防ぎます。内部にいる利用者は信頼され、比較的自由にネットワークリソースにアクセスできるという前提があります。

一方、ゼロトラストモデルは、従来の境界型セキュリティモデルを超えて、より厳格で柔軟なセキュリティアプローチを提供します。**このモデルの核となる考え方は「信頼しな**

い」ことです。つまり、内部や外部にかかわらず、すべてのユーザーやデバイスは潜在的な脅威とみなされ、それぞれのアクセス試行は厳密に認証され、検証されます。

ユーザーが誰であるか、どのデバイスを使用しているか、どのようなデータにアクセスしようとしているかなど、さまざまな要因に基づいてセキュリティチェックが行われます。ゼロトラストモデルでは、安全な環境を作るために、ネットワーク内部にいるユーザーであっても、常に最小限のアクセス権限を持ち、必要な時にのみ特定のリソースへのアクセスが許可されるという原則に基づいています。

日本が直面する「境界セキュリティ」の課題

これらのモデルの違いは、特にリモートワークやモバイルデバイスの使用が一般的になり、企業のネットワーク境界が曖昧になる現代において、特に重要です。 境界型セキュリティは物理的な場所に依存しているのに対し、ゼロトラストモデルは場所に依存せず、各アクセス要求を個別に評価し、セキュリティを確保します。

近年、クラウドコンピューティングやモバイルデバイスの普及といったテクノロジーの進展により、情報資産の位置が多様化し、境界の概念が曖昧になりました。

また、セキュリティ脅威はより洗練され、内部からの攻撃や高度な標的型攻撃が増加しています。さらに、リモートワークの増加により、従業員が組織の外部からアクセスすることが一般的になりました。

このような状況下では、従来の境界に依存したセキュリティモデルでは不十分であり、ゼロトラストモデルが求められるようになりました。ゼロトラストモデルでは、**すべてのアクセスを疑い、最小限の権限でのアクセスを実現することによって、より柔軟かつ包括的なセキュリティ対策を提供**します（図表4－7）。

しかし、日本では、まだ多くの企業が「境界型セキュリティ」という古い考え方でセキュリティやデータを管理しています。このため、例えば制作した動画を確認依頼する際にユーチューブで限定公開された動画のリンクを送っても閲覧できない、グーグルドキュメントで共有された原稿を見ることができないといったケースもよく聞きます。

このような戦略が意図的に選ばれている場合は問題ありませんが、日本の企業が古いタイプの境界型セキュリティを使っているのが戦略的でなく、単に考え方が変わっていないだけであれば、すぐに意識を改革する必要があります。時代に合ったセキュリティやデータ管理の方法を採用することで、より効率的で安全な経営が可能になるでしょう。

図表4-7 従来の境界型セキュリティモデルとゼロトラストモデルの違い

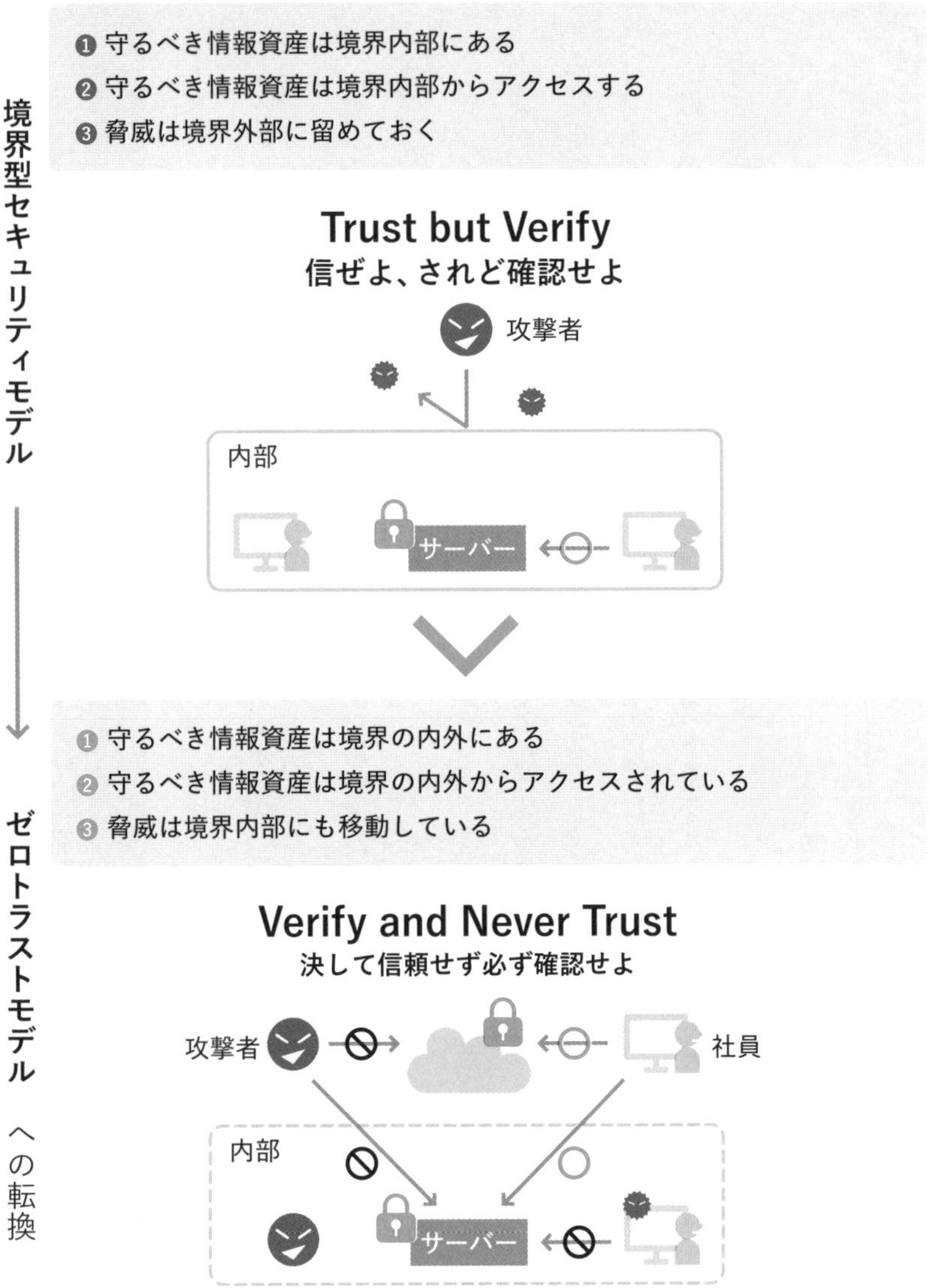
境界型セキュリティモデル
❶ 守るべき情報資産は境界内部にある
❷ 守るべき情報資産は境界内部からアクセスする
❸ 脅威は境界外部に留めておく
Trust but Verify
信ぜよ、されど確認せよ
攻撃者
内部
サーバー
ゼロトラストモデルへの転換
❶ 守るべき情報資産は境界の内外にある
❷ 守るべき情報資産は境界の内外からアクセスされている
❸ 脅威は境界内部にも移動している
Verify and Never Trust
決して信頼せず必ず確認せよ
攻撃者
社員
内部
サーバー

出所:野村総合研究所(NRI)ナレッジ・インサイト 用語解説「ゼロトラスト」を基に筆者作成

日本より10年早い、米国のデータガバナンス観

競争の源泉たる企業のデータを、AIに触らせるか否か

ゼロトラストモデルに切り替える際、それに合わせたデータの管理体制、つまりデータガバナンスの体制を整えることが重要です。

データガバナンスとは、データの管理、品質、安全性に関する計画やルールのことです。企業が大量のデータを使用する際には、データの品質を維持し、安全に扱うためのルールや監視体制が必要です。これには、データの構造を改善することや、品質基準や安全性ポリシーの設定、データの監視など幅広い領域が含まれます。

欧米の企業は日本より約10年早くゼロトラストモデルに移行し、クラウドでのデータ蓄積や活用に取り組んでいます。そのため、欧米ではデータガバナンスの体制がすでに整っています。一方、日本では専門に扱う組織を持つ企業がまだ少ないのが現実です。データガバナンスの体制を構築するためには、通常、図表4-8の左上「戦略」からスタートし、時計回りに進めていきます。つまり、「戦略」→「統制／管理」→「技術」→「プロセス」

図表4-8 データガバナンスの体制

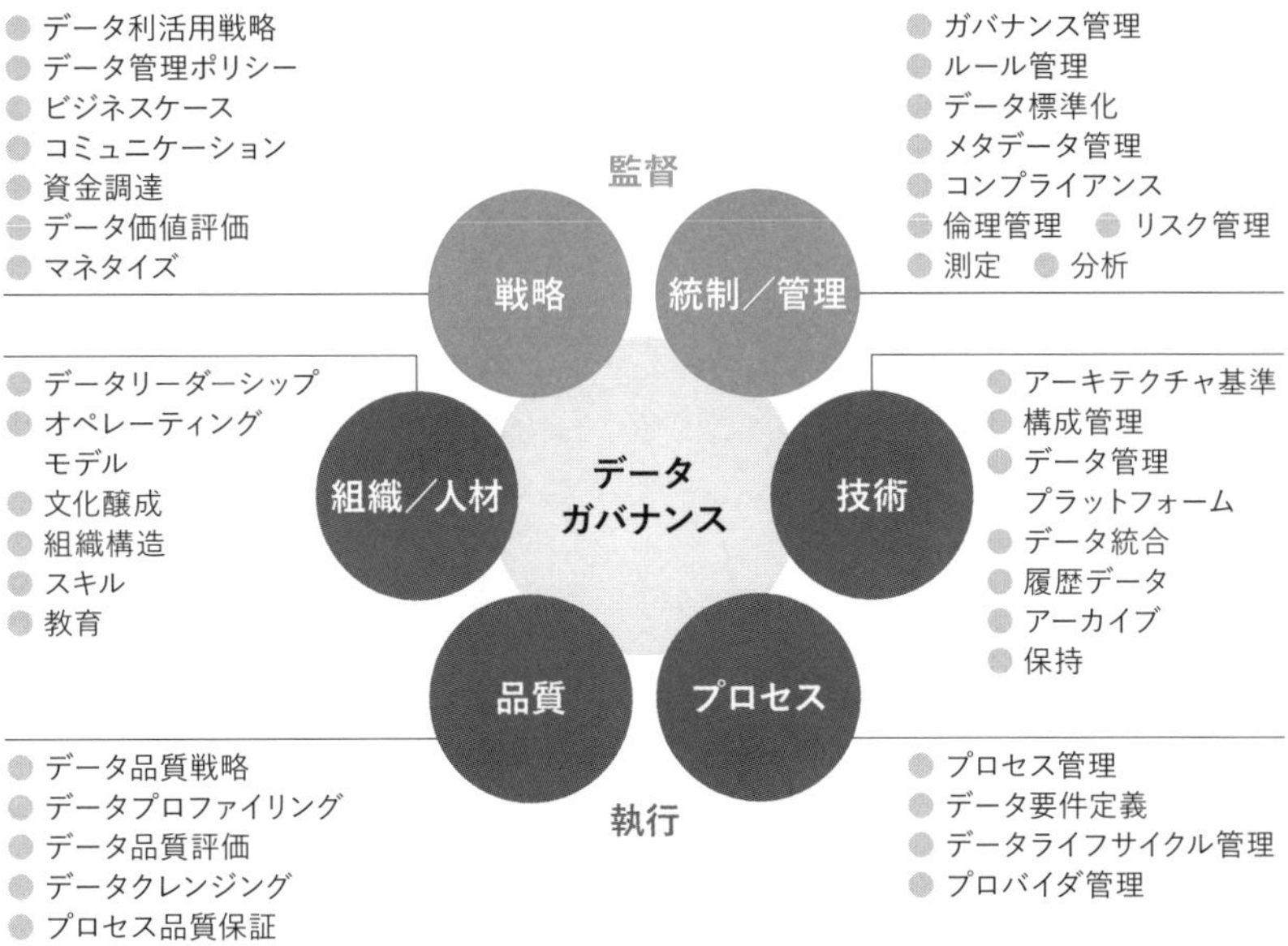

出所：DOORS DX Media By BrainPad「データガバナンスがもたらすもの」を基に筆者作成

→「品質」→「組織／人材」の順です。

最も難易度が高い「戦略」の設定

私は先のステップの中で、**日本企業にとって最も難易度が高いのは「戦略」の策定**だと考えています。

なぜ、日本企業は戦略が苦手なのでしょうか。戦略を立てる際は、企業の持つ独自のデータが重要な役割を果たします。例えば、カイゼン・プラットフォームは、お客様のウェブサイトデータと、それをどのような施策でどれくらい改善したかのデータを大量に蓄積しており、それを使ってさまざまなシミュレーションをしています。これらのデータこそ会社の競争力の源泉です。

ここで重要なのは、競争力の源泉である貴重なデータをＡＩに触らせるかどうかです。**多くの企業が、この問題に直面しているでしょう。データをAIに活用させるか、それとも従来通り人の手でのみ扱うかが大きな議論のポイントです。**

もし人間の手でのみデータを扱うなら、ゼロトラストモデルへの転換の必要はなく、よりシンプルなセキュリティモデルを採用しても問題ないでしょう。ただ、ＡＩにデータを活用させた方が、従業員の生産性を大幅に向上したり、ビジネス拡大のヒントを得たりす

図表 4-9 **ドメイン知識の使い方(再掲)**

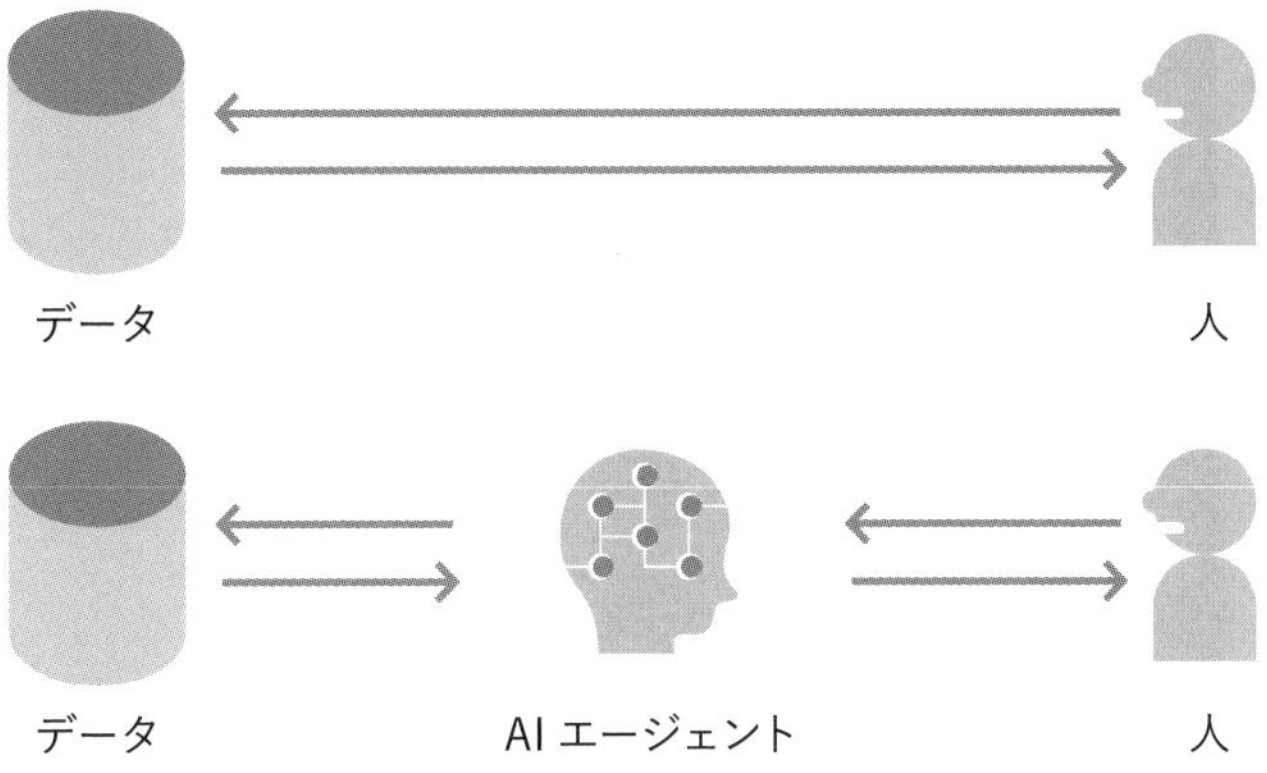

出所:カイゼン・プラットフォーム

図表 4-10 **異なるデータへのアクセス権**

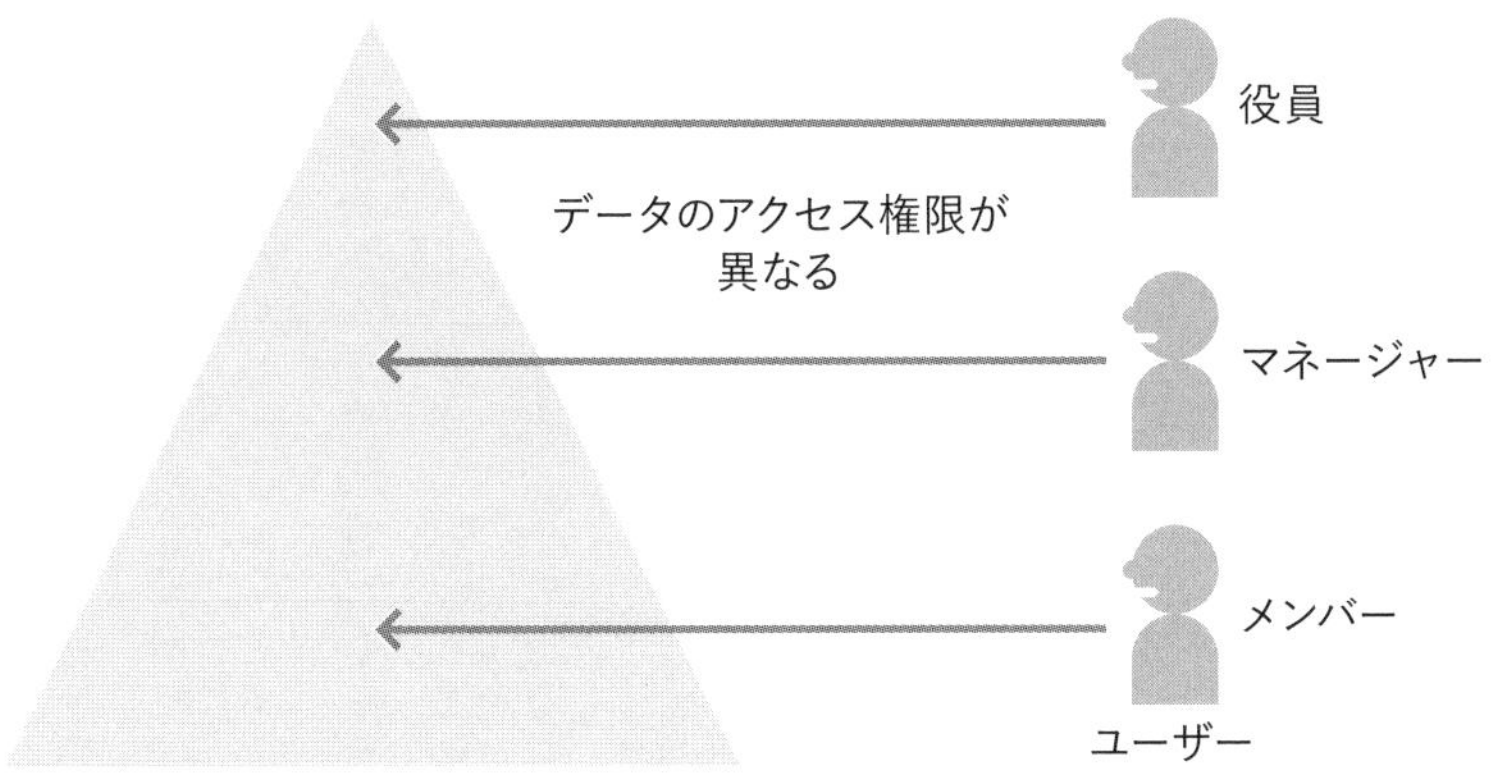

出所:カイゼン・プラットフォーム

ることが期待できます。

とはいえ、クリアすべき課題は山積しています。例えば、社内のデータをＡＩに学習させようとする際、データをクラウド環境に移す必要がありますが、この過程で非常に煩雑な作業が発生します。なぜなら、会社ではデータへのアクセス権限が異なるからです。

一律でデータを扱えないので、誰がどのデータにアクセスできるかの権限管理が必要です（前ページ図表4‐10参照）。そのため、ＡＩに学習させるデータセットを権限に合わせて変更するか、またはＡＩにアクセスする人に応じて制御するかの方法論についても考えなければなりません。

多くの企業は**「AIにデータを『どこまで』触らせるべきかどうか」の選択に時間がかかっているので、戦略を立てることが難しい**のです。そのため、「戦略」ではなく「統制／管理」、つまりデータガバナンスのガイドライン策定からスタートすべきでしょう。

求められる「攻めのデータガバナンス」

データガバナンスのガイドラインを策定するにあたって重要なのが、攻めのデータガバナンスです。**データ活用においては、「守り」と「攻め」という2つの側面があります。**

多くの企業は「守り」に重点を置き、厳しいルールや規制に従い、データの評価、改善、そして監視に努めています。しかし、この方法だけではデータの自由な使い方が制限され、データを使う人のモチベーションが落ちることもあります。

そこで必要となるのが、「攻め」の側面です。「攻め」のデータガバナンスでは、データの効果的な使用を目指し、リスクを早期に特定し、効率的にデータを使うための対策を講じることが重要です。このバランスの良いアプローチによって、データの安全性を保ちつつ、その可能性を最大限に引き出すことができます。

「攻め」の側面を考慮したデータガバナンスのガイドラインを策定したら、次に、自社のコンピューターシステムを確認し、必要に応じてグーグルの「ＧＣＰ（Google Cloud Platform）」やマイクロソフトの「アジュール」といったクラウドサービスを利用することを検討します。これらのサービスは、データをインターネット上で安全に保管・処理するためのプラットフォームです。

その後、データ管理のプロセスを計画し、データの質が一定の水準を保つ方法を考えます。最後に、これらの計画を実現するために必要なチームの組成と人員を決定します。

以上がデータガバナンスの体制を構築するステップですが、いずれにせよ「**ＡＩにデータを触らせる**」**という選択をしなければ、攻めのデータガバナンスは必要ありません。**そしてこの選択がＡＩドリブン経営の最初の一歩なのです。

第5章

人と社会は
どう変容していくのか

未来の姿を想像し、提示せよ

経営者がSFを読むべき理由

ここまで市場、事業、組織と考えてきましたが、本当に難しいのは、これらの戦略を立案することではありません。いかにこの戦略に基づいて「人」を動かし実行するか、です。これらのAIによって起きる変化は、これまでの成功体験と全く異なるものが多くなることが予想されます。

この場合、AIで何ができるのか、何を変えるのか……。未来を想像できていない人がほとんどなので、不安や恐怖を感じます。それを防ぐには、未来の社会の像を見せていく必要があります。

幸い日本は、海外と比較すると不思議なくらいAIに関して楽観的でポジティブな人が多いのですが、これは昔からドラえもんやガンダムに登場するハロ、AKIRAなど、ロボットやSFアニメが身近にあったからではないかと言われています。

「オタク」という言葉を一般に広めた岡田斗司夫さんは、自身のユーチューブで何回か、**日本の経営者はSFを読むべきだと語っています。**実際に海外のSFでは、技術によって社会そのものが変わってしまう姿がよく登場します。例えば「マイノリティ・リポート」というSF映画では、殺人が完全に予測できる社会になることと引き換えに個人のプライバシーや自由が制約される社会が描かれています。

このように、大きなイノベーションが起きると便利になったり、市場は大きく変化したりしますが、それだけにとどまらず、**人の生き方や社会のあり方そのものが変わっていくはずです。**昔はCDを出すのにレコード会社にデモテープを送り、デビューする必要がありましたが、ユーチューブやニコニコ動画に、初音ミクなどのボーカロイドという歌を歌うソフトで作曲した曲を公開して活躍する、ボカロP（ボーカロイドプロデューサー）という仕事と生き方が生まれました。

そして今、音楽業界を席巻しているYOASOBIや米津玄師はこのボカロP出身です。彼ら彼女らは、**グローバルに通用する日本のアニメというコンテンツの勢いと共に、アニメの主題歌を提げて、世界で大人気になり何億回という再生回数を叩き出しています。**

これは、ビジネスだけにとどまらず社会や生き方そのものが変容していったと言っても過言ではありません。このように、今回の生成ＡＩも社会そのものを変容させていくと思われます。**どのようにその未来像を伝えていくか、が人を動かすうえで最も重要になってきます。**

ＡＩへの置き換えが難しい3つの力

労働集約市場においていかにＡＩ中心に業務を行うか、に始まり、それを支えるための組織や育成、データやセキュリティについても今までの正解とは正反対とも言える変革を実行に移していく必要があります。

これは想像以上に難しいものでしょう。特に仕事をＡＩに積極的に奪わせるということに前向きに取り組んでもらうのは至難の業とも言えます。こうした状況下で、**いかに人を動機付けて動かしていくかについて考えていきたいと思います。**

このＡＩ時代の人材に求められるスキルについて、まず整理しましょう。私たちが取り組んでいる仕事の価値というのは、「個々人」の力が１つひとつつながっていくことで構成されています。ＡＩで置き換えが難しい各々の「個」の力とは何でしょうか？

１つ目は、「**意思決定力**」です。現在の生成ＡＩは安全性を担保するために、自身で意思決定をしないように作られています。そして、ＡＩに対する安全性が叫ばれる今、**この点に関しては今後さらに規制が強くなっていくと考えられます。つまり、ＡＩは意思決定の材料そのものは提示してくれますが、結局のところ意思決定そのものは人がやらないといけない仕事として残り続けるのです。**そして不確実な世の中では、この意思決定力の重要性はますます高まっていきます。

なぜEQは重要になってくるのか

２つ目は、「**AIによるUXデザインおよび業務デザイン能力**」です。ＡＩをどう活用するか意思決定した後、ＡＩを組み合わせて、どのような顧客体験を提供できるか考える力や、業務設計のスキルが非常に重要になってきます。

ＡＩは自然言語処理や生成モデルを使用して、文章や対話を生成することができます。これにより、プロットの構築やダイアログの生成、雰囲気や背景の描写などさまざまな形式のストーリーを作成できるようになりました。ＡＩのストーリーテリング能力を最大限引き出すために必要なのは、顧客体験および業務設計の能力です。

顧客体験の設計および業務設計は、現状においてはAIではなく人間に求められるスキ

ルなのです。そして、AIの教師役として、何が正解で何が不正解なのか、AIのアウトプットをきちんと評価し、その品質を向上させていくスキルは極めて重要です。

今後、職人や専門家など何らかのエキスパートたちが教えるのは、人ではなくAIになっていくと想像するとわかりやすいかもしれません。

3つ目は「**人間関係構築スキル**」です。米国のシリアルアントレプレナーであるゲイリー・ヴェイナチャックはスピーチ（259ページ参照）の中で、「我々はEQこそが最重要能力となる時代に入ったということだ」と語りました。EQ（Emotional Intelligence Quotient）とは、「心の知能指数」を表す略称です。1990年に米国の心理学者ピーター・サロベイとジョン・メイヤーによって発表されました。

EQが高い人々は、チーム内の調和を促進し、リーダーシップの資質を発揮することが多いとされています。感情のコントロールや共感力を通じて、職場のストレスや対立を軽減する能力を持っています。また、顧客や同僚との関係構築や問題解決能力にもポジティブな影響を与えるとされています。

イェール大学のパルマー教授が2001年に行った研究で、EQが高い組織と低い組織の業績を比較したものがあります。その結果、EQが高い組織は、問題や課題に対してオープンで率直なコミュニケーションを行い、目標達成に向けてお互いの意見を尊重し合う傾向がありました。

つまり、対立を恐れずに率直な議論ができる環境が、チームメンバーの感情面での配慮や共感を育むことにつながり、心理的安全性を生み出しました。これがチームの生産性を向上させ、業績に結びついたのです。

人の感情は個人や文脈に依存するため、ＡＩが完全に理解し、適切に対応することは難しいですし、何よりも身体を持たないＡＩが「根回し」をすることはできません。人間同士の信頼や共感は、感情的なつながりとして構築されるので、ＡＩがこれを完全に再現することは難しいと言えるでしょう。

AIに勝つ秘訣は「空気を読まない」こと？

人間だけが「コツ」を教えることができる

『学年ビリのギャルが1年で偏差値を40上げて慶應大学に現役合格した話』（通称、ビリギャル）の著者である坪田信貴さんから、古武道の師範が、「技術」について説明した話を聞きました。

技術は、漢字で書くと「技」と「術」に分かれます。技は「テクニック」とも言い換えられるものであり、術はツールや手段、つまり「コツ」を指します。

例えば、柔道の場合、「技」と言うと、相手を引っ張って足を出させ、それを膝で押さえると小外掛という技になり、相手を押し飛ばしながら足をかけて大外刈りという技になるわけです。これらの技を習得するためには、投げる練習などを通じて、具体的な動作を身につける必要があります。

一方で、「術」というのは、相手の襟を持って、体重移動のタイミングで足を払うなど、体の動きやバランスのコツを掴むことが大切です。これによって、相手の動きを読み取り、うまく技をかけることができるようになるのです。

つまり、「技」はテクニック・スキル・言語化できるもの（＝ＡＩ代替可能）で、「術」はコツ・暗黙知・言語化できないもの（＝ＡＩ代替不可能）と言えます。

ちなみに、**師範は後継者を育成する際には、「コツ」を中心に教え、5年ほどでそれをマスターさせるそうです。後継者たちは基本的なコツを掴んだうえで、自ら工夫し、発展させていくといいます。これはＡＩにはまだ難しい範囲と言えます。**

現状でＡＩに学習させることができるのは、言語化されたり、形式知化されたりしているものが中心です。特に身体性が絡むような言語化できないコツを教えることは人間にしかできません。だからこそ、ここは人が磨いていく領域でしょう。

実際の人間社会で言語化できているモノゴトはまだ世の中全体の20％程度で、残りの80％は言語化できない暗黙知だと言われています。実際にみなさんも経験があると思うのですが、「この地域では誰に挨拶に行かないと仕事がうまくまわらない」とか、「会議の前にこの人に根回しをしておこう」など、状況をコントロールするためになかなか言語化が難しい人間関係について、異動や転職した際に引き継ぎを受けることがあったと思います。

もしくは、そのような人間関係にまつわる引き継ぎがされなくて困ったことがある方も多いのではないでしょうか。ある意味でいうと「ＡＩに置き換えられない３つの力」というのは、この80％に該当する人が集団で仕事をするうえで重要でなかなか言語化ができないコツと言えるのかもしれません。

好奇心の源泉を絶やさないために

コツを磨くには、**好奇心の源泉を絶やさないこと**です。好奇心の源泉に必要な要素は、「なぜ？」と疑問に思う力です。日本では、和を以て貴しとなすという言葉があるように、社会的な調和を重視する学校教育を重視しています。しかし、同調圧力に負けず、時に空気を読まないで質問をしないと、この好奇心は育ちません。

これは、レイチェル・Ｌ・カーソンの『センス・オブ・ワンダー』（新潮社）に書かれている、すべての子どもが生まれながらに持っている「センス・オブ・ワンダー」、つまり「神秘さや不思議さに目を見はる感性」とも言えます。

おそらく今後の学習指導要領も、原理原則は人間の教師が教えることを前提とすると、人それぞれの興味関心に合った教育を現在の教師の人数や体制で行っていくのは現実的ではないでしょう。

むしろ、ＡＩがそれぞれの子供たちの教師役になることで、それぞれの興味関心に合った授業やアドバイスをできるようになると考えています。私の小学5年生の娘に、英語の学習や、彼女の趣味の脚本や小説のプロット制作のためにＧＰＴで専門のＡＩを作って渡すと嬉々として使い始めます。

ここではＡＩが教師役で、自分が聞きたいことをすぐに聞けるわけです。これで、「先生に並んでまで質問するの面倒だな」とか、「次の機会にしよう」と思って後回しにしてしまうこともすぐに聞けます。これにより、小さなことでもどんどん聞いて、知識やアイデアを広げていくことが可能になります。この小さな煩わしさをどれだけ取り払えるかもＡＩで解決し得る1つの要素です。

「好き」はＡＩ時代を生き抜くカギ

もう1つ、好奇心の源泉を絶やさないために非常に大切な要素は、**自身が「好き」と感じること**です。例えば、映画の特定のシーンやセリフに惹かれたときに、なぜ自分がそれを好きなのか、感性でしか説明できない部分もあります。

このような好奇心や興味は、人間の知性を高める要素であり、自己の成長をもたらすものと言えます。そのため、自身が熱中し、追求している活動や趣味というものは、どれだけやってもやらされ感や義務感もないですし、飽きることがありません。「好きこそ物の上手なれ」や「努力は夢中に勝てない」という言葉はAI時代においても真理でしょう。

1つの事柄について、一晩中語り合えるほどの熱意や知識があることは、その分野への深い関心と専門知識を示すものです。自分の好きなことについて語ることは、その好奇心や感性に深く向き合うことで、自己をより深く理解し、感性を磨いていくことにつながるはずです。

もし好奇心が薄れているなと感じたら、**非合理的な環境や全く違うコミュニティなど馴染みのない場にあえて身を置くことをおすすめします。**NPOやボランティア活動、オンラインコミュニティへの参加は、どうしても自分の好みが反映されてしまいます。

そうではなくて、部署の配置換えや転勤、マンションの管理組合への参加など、自分が望んでいない環境にあえて飛び込んだり、自分の知らないコミュニティに連れて行ってくれる友人の誘いに乗っかってみたりすることも必要です。**非合理的な環境や自分がマイノリティであるコミュニティには、常に意外な発見や自分の新たな可能性が潜んでいます。**

全く興味のなかった業務も、取り組んでみたら意外と得意なことに気づくかもしれません。自分には田舎は合わないと思っていても、住んでみたら自然の豊かさに心地よさを覚えるかもしれませんし、管理組合で一緒になった人と予想外に意気投合するかもしれません。

馴染みのない場を避けずに受け入れ、多様性の中で学びや価値を見つけていく姿勢や、一直線ではなく一見非効率に見える経験の中で、好奇心は育まれるのです。

AI時代にリスキリングはどう活用すべきか

日本と米国のリスキリングに対する意識差

現在、リスキリングが注目されているものの、果たして日本国内ではどれくらい浸透しているのでしょうか。

図表5-1　学び・リスキリングの“実行”には明確な差がある

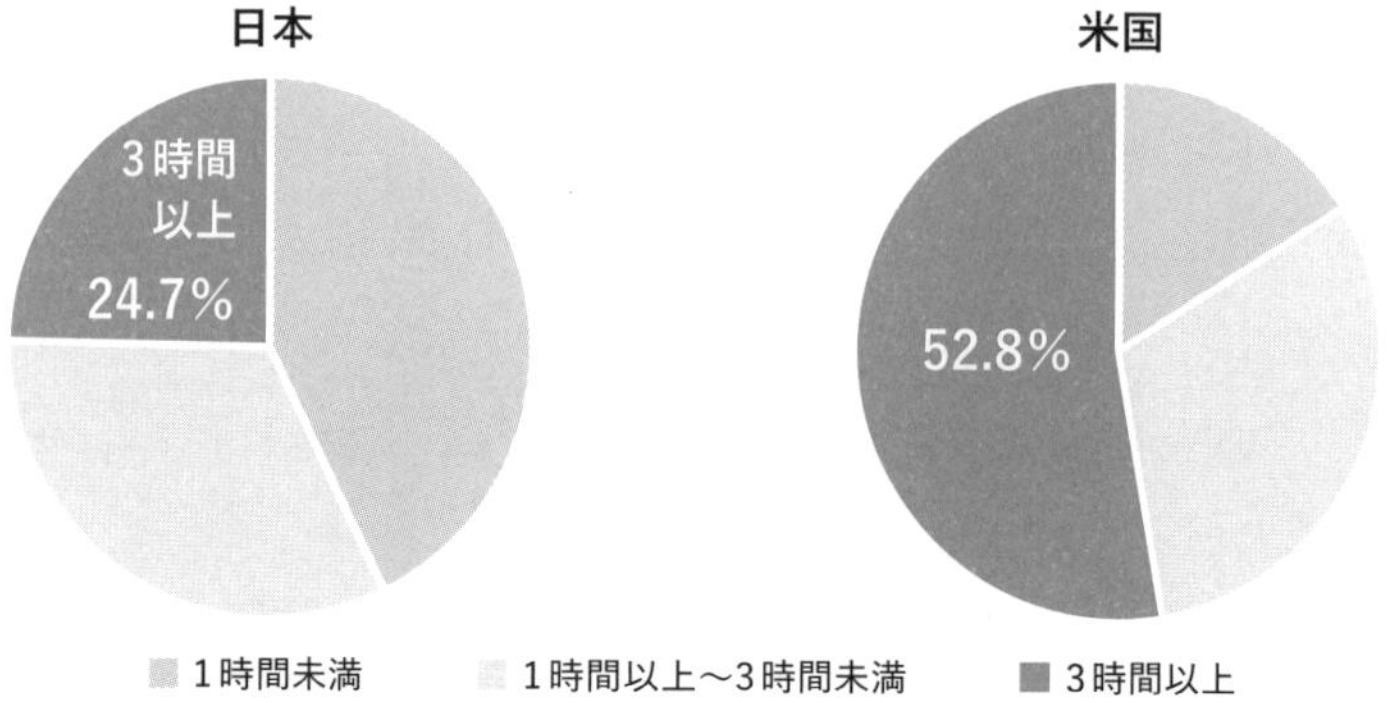

Q. あなたは週何時間程度、「学び」や「リスキング」に取り組んでいますか？

出所：リクルート・Indeed「グローバル転職実態調査2023」

リクルート・Indeed（インディード）の「グローバル転職実態調査2023」によると、「仕事をしていくうえで、学びやリスキリングの必要があると考えていますか？」という質問に対して「必要だ」と回答した割合を見ると、米国は69・6％、日本は70・9％と同水準でした。

しかし、「あなたは週何時間、学びやリスキリングに取り組んでいますか？」という質問に対して「週に3時間以上」と回答した割合は、米国が52・8％に対し、日本では24・7％と、大きく差が見られました（図表5-1）。**リスキリングの重要性は理解しているものの、行動に移せていない人が大多数なのです。**

さらに調査では、リスキリングでの弊害として、日本では「仕事との両立による時間不足」が主な要因と挙げられていますが、そもそもリスキリングの目的が日本と米国では大きく異なります。

日本では「現在の業務に活かすため」に学んでいる人が大多数で、自分のキャリアを俯瞰してリスキリングする習慣はあまりありません。一方、米国では「教養を身につけるため」に学ぶことが一般的で、リスキリングによる学びがキャリアに直結するという意識が高いのです。

このキャリアに関する開発意識というのが、雇用が守られている日本人がなかなか持つことが難しいものといえるかもしれません。

なぜ保険会社が介護業界に参入するのか

現在、リスキリングに関する主な取り組みは業務を遂行するうえでのスキルアップに焦点を当てています。ただし、**スキルを教えるだけでは、既存の業務から別の仕事への移行が難しい場合もあります。**

例えば、2019年6月、損害保険ジャパン（損保ジャパン）が2020年度末までに国内損保事業の従業員数を4000人削減し、収益改善を目指すと報じられました。2017年度に比べて人員を2割弱減らし、ITの活用や新卒採用の絞り込み、介護など成長市場への配置転換などで効率化を急ぐというものです。

損保ジャパンの親会社ＳＯＭＰＯホールディングスは、２０１５年12月に外食大手ワタミの介護子会社「ワタミの介護」を買収したほか、２０１６年3月には介護大手のメッセージも子会社化しています。そこに損保ジャパンの社員を派遣しているのです。

一見すると、「なぜ保険会社が介護業界に……？」と思うかもしれませんが、**「保険の営業という仕事が新しいテクノロジーに代替される未来が来る」と仮定した場合の雇用の受け皿、という側面があると見ています。**介護職は実際に現場での労働力を必要としていますし、人手不足やサービスの質の低下など労働環境に課題の多い介護業界に、大手金融機関で蓄積してきたマネジメントなどの知見が活かせるとも考えられます。

AIは、人を動かす、車椅子を押す、などの物理的な業務のサポートをすぐにはできません。また、マネジメントも難しい。よって、経営判断として、非常に正しいと言えるでしょう。一方で働いている方からすれば、保険の仕事に就いたつもりが、いきなり介護領域に行くことになって戸惑う方も少なくないであろうことは容易に想像できます。

ただし、これからはこのような事態が日本において増えていく可能性が高いと私は見ています。ＡＩによるＤＸを実現するために、解雇を前提とする欧米と、解雇が難しい日本では、雇用の足りない別の業態を取り込むことで、自社の雇用を維持しながら現在の仕事をＡＩで代替することを前提にしたＤＸを実現する企業が増えていく可能性もあるのです。

このような状況を踏まえて、**AIが今後の市場にもたらす変革を考えるうえで、ビジネスとしてどの選択肢を採用すべきかは企業の生き残りをかけた選択**になっていきます。働いている側からすると、ある意味でこういった場合に残る仕事は、まさに自分がしている仕事をAIに代替させていく仕事だと言えるでしょう。

その意味でも、AIリテラシーを高めることは、労使のどちらにとっても重要なテーマと考えられます。損保ジャパンの例に代表されるように、ホワイトカラーのオペレーションに焦点を当てる場合、その仕事が別のホワイトカラーのオペレーションへ転換されるわけではなく、むしろ**ブルーカラーやサービス業など、人手不足の領域への転向が必要となる可能性もある**ことを前提に、リスキリングの方針やトレーニングのあり方をゼロベースで考え直すことが必要になってきます。

column

行政サービスに向けたユースケース

書類業務をなくそう

あらゆる行政サービスがデジタルで可能になる？

今、日本ではデジタル庁を中心にアナログ規制撤廃が進んでいます。これは、アナログではないとできないと定められている法律や政令、省令などを一斉にデジタルで完結できるように進めている取り組みで、日本全体のDXを語るうえで非常に重要な動きです。

これが意味しているのは、ありとあらゆる行政サービスがデジタルでも提供可能になるということです。ユーザーとしては、とても嬉しい変化ですが、その裏側で急にすべてがデジタル化されるわけではありません。

こうした業務や仕事は、時間をかけてDXを進めるしかないのです。つまり顧客体験は一足飛びにDX化が進んでいくものの、その裏側の業務プロセスのDXは大きな課題として残されています。

大企業のDXを見ても、いまだに現場では電話で注文を受けて、紙の伝票を書いてFAXするというプロセスが存在しています。これらは法律で決まっているわけでもないのに、アナログの業務フローとして存在しています。紙での業務習慣が残る業界でDX化が進まない主な理由として下記の5点があると言われています。

- 文化的慣習
  長年にわたる紙ベースの業務が標準となり、データ入力などへの移行に対する抵抗感
- 業務プロセスの複雑さ
  業務プロセスが複雑なため、デジタル化にはプロセス自体の見直しが必要となる
- システム導入コスト
  システム導入への初期投資が高額になる
- 教育とトレーニングの必要性
  新システムの理解と使用にトレーニングと、それにかかるリソース投資が必要
- セキュリティの懸念
  データプライバシーとセキュリティリスクへの懸念

アナログの業務の際たる例が紙での業務です。

生成AIを前提とする「AIドリブン経営」において、このペーパーワークは大きな課題になってきます。生成AIがこれらのアナログデータをうまく扱うためには、学習させ

るデータベースに入れる際に、紙の帳票やPDFなどの図を含んだ非構造化データを構造化したうえで、データベースに流し込まないとまだうまく扱うことができません。

DXを成功させる4つの要素

1つひとつの課題を解決しながら、業務プロセスで生成AIを活用し、上手くDXするにはどうすればよいかをずっと試行錯誤しながら考えてきました。

実際に多くの業務プロセスのDXは泥臭い忍耐強い取り組みが求められてきます。さまざまなプロジェクトを進めていく中で、うまく転がり始めるのにはいくつかの要素があることがわかりました。

1 現在の業務フローを大きく変える必要がない
2 誰でも簡単に扱える
3 無理のない投資で導入できる
4 セキュリティが担保されている

4つの要素を実現するものはないかと探してきましたが、私の経営するカイゼン・プラットフォームと資本業務提携をしている大日本印刷が持つ、非構造化データを構造化する

図表5-2　**非構造化データを構造化する**

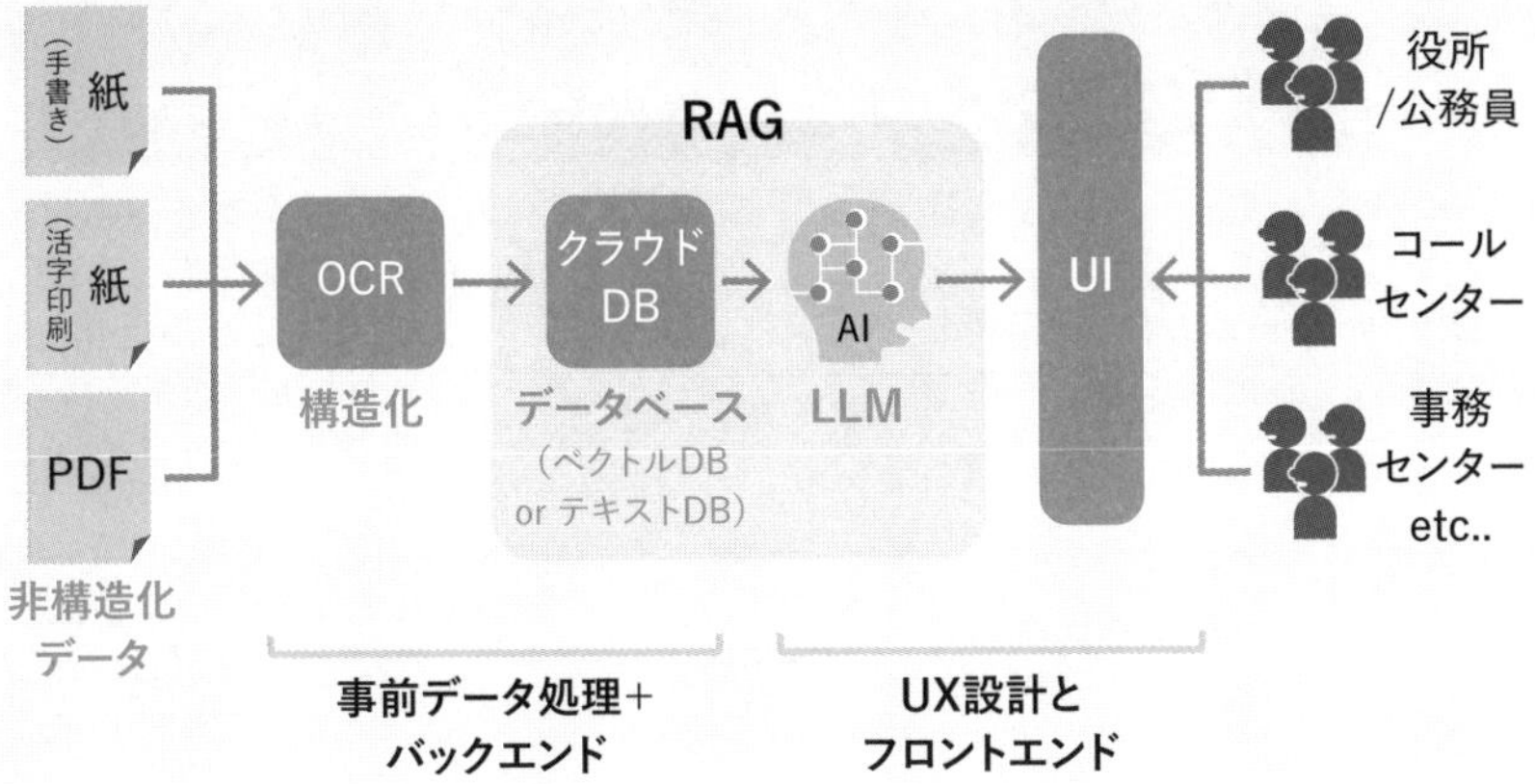

出所：カイゼン・プラットフォーム

技術にヒントがありました。

その技術では、通常、取り込みにくい新聞や雑誌の段組の文章や、帳票などの費目や項目なども意味を理解してきれいに構造化したデータとして扱うことができます。これにより、精度の高い情報として非構造化データを扱うことができ、紙での業務を変えずに生成AIを活用できる可能性も広がります。

いずれ、多数の申請書などを扱う行政サービスだけでなく、金融機関や不動産などでもこの技術は幅広く活用ができるでしょう。例えば、助成金や特許、商標など審査が必要な申請プロセスの場合、申請内容を照らし合わせながら、1つひとつ確認したうえで問題がない部分、問題がある可能性がある部分を人がチェックしています。

問題の切り分けを生成AIが事前に行うことにより、人が確認しなければいけない範囲を限定し、大幅に審査期間を短縮することも可能です。過去に申

図表 5-3　**生成AIによって変わる現場の仕事**

	行政の助成金事務センター	保険会社	不動産仲介業者
活用シーン	多数の助成金申請を期間内に審査する	過去案件から特定条件に該当する帳票だけを抽出する	中古マンションの売買契約書保存と作成※物件ごとの状態／条件に沿った特約等のカスタマイズが必要
Before	すべての申請内容に対して人が審査対応	紙やPDFデータの保管情報から人がマニュアルで抽出	先輩に相談し、過去契約書を参照しながらマニュアルで作成
After	基本的な審査基準を満たしているかの判断をAIが行い、追加確認必要分だけを人が審査	AIに「XXに該当する案件をピックアップしてリスト化しておいて」で対応	AIに「こういう条件時の特約文面を過去事例を参照に作成して。その際に参照した契約書も教えて」で対応

出所：カイゼン・プラットフォーム

請された非構造化データから学習できるとすると、ものすごいインパクトです。

　このように紙ベースで業務をしている機関でも、そう遠くない未来にAIと人の協働が可能になると考えています。さまざまな技術との組み合わせで、生成AIの活用はどんどん広がるでしょう。

　私たちの会社では、このような業務プロセスをAIで最適化するAI‐BPO（ビジネスプロセスオプティマイゼーション）コンサルティングのサービスを開始しました。大規模なオペレーションを抱える企業の相談を受け付けています。

社員の「成長マインドセット」を育てる

柔軟な思考と自己改革への意欲

組織における「数」の論理の崩壊と、AIという圧倒的な労働力を統べる「個」の時代が、もうすぐそこまで来ています。

従来の労働集約型ビジネスモデルでは、組織規模が大きければ規模の経済が利いてくるというメリットがありました。しかし、ＡＩの登場により、労働力の多くをＡＩが代替できるという新しい現実が出現したのです。

この変化を受けて、組織は従業員の成長マインドセットを育てる必要があります。**成長マインドセットは、好奇心や学習意欲を持ち続け、新しいことに挑戦し続ける姿勢を指します。**ＡＩの導入によって労働力が必要な部分が変化すれば、その中で**従業員の役割も変わらざるを得ないから**です。

例えば、コールセンターの場合、優秀なオペレーターが教師役となり、ＡＩにトレーニングを受けさせることで、全体の生産性が向上します。つまり、**優秀なAIの教師を確保**

することは非常に重要であり、このような才能ある人材が求められるようになるのです。どの業種、業界にも、ＡＩにドメイン知識をトレーニングするための教師やサポーターが必要だということは忘れてはいけない事実です。

従って、これまでのように平均的な能力を持つ人材を育てるだけでなく、**突出した能力を持つ「出る杭」をどのように育てるかが重要**になってきます。そうでなければ、競争力が向上しない可能性があります。個人の異能を引き出すことが、組織の成功につながるのです。

これまで、従業員教育というとよく「底上げ」という言葉が使われていました。ある意味「フェアネス」や「公平性」といった概念が非常に重要視されてきましたが、ＡＩの時代の競争ルールに入ると、逆に「選抜」や「えこひいき」が重要になってきます。

優れた個人に集中的に投資すること、その**優秀な人材に特別な資源を提供することが、実際には企業の生き残りにとって非常に重要な要素**になってくる可能性が高いためです。これは、日本企業のあまり差をつけない人事制度や教育制度と非常に相性が悪いように見えます。

この考え方は、一種の選抜社会と言えるでしょう。プロスポーツの世界などがそれに当てはまります。例えば、サッカーの場合、選抜メンバーに選ばれ、その後日本代表に招集され、さらに合宿や強化選手としての支援が行われることがあります。こうしたプロセスは、選りすぐりの才能を育てるための仕組みです。

テニスや野球も同様です。基本的には、優れた個人に投資することが、広く浅く投資するよりも効果的となる経営判断が増えるでしょう。しかし、**「一流選手」を育て上げるための仕組みは、民間企業の場合あまり整備されていません。**

「経営者思考」を誰もが持つ時代に

ＡＩの台頭によって、競争相手は普通の同業界の人だけではなく、ＡＩを使いこなす素人まで含まれるようになりました。この状況において、重要なのは**AIとの共存方法を考えて使いこなしていくこと**です。具体的には、ＡＩと人間のクリエイティビティがどのように結びついて、お互いを高め合うかという点についてもっと各業務で掘り下げて考えていく必要があるということです。

例えばＡＩはオペレーションや再生産的な仕事に優れていますが、創造的な仕事やクリエイティビティにおいてはまだ人間の方が優れていると言えます。従って、ＡＩの得意分野と人間の得意分野をお互いに活かし合う方法を模索しなければなりません。

そこで大切になってくるのが、成長マインドセットを持つことです。新しいことに挑戦し、学び続ける心構えが個々の人々の中で育まれることで、新たなスキルやアイデアを生み出し、変化に適応する力が強化されます。

このマインドセットの醸成は、**個人だけでなく経営者やマネージャーの役割でもあります。**好奇心や挑戦的な姿勢を促進し、組織全体での成長と変革を支える役割を果たすことが求められます。経営者やマネージャーにとっても、単なる経営視点だけでなく、自己変革や創造力を育てる視点がこれまで以上に重要になってきます。

「経営者思考」や「経営者視点」は、もはや経営者だけの話ではなく、**すべてのビジネスパーソンに共通して求められるスキルとなっていくと思われます。**ＡＩ時代においては、変化や競争の中で柔軟に考え、行動することが求められるため、この意識の転換は必要不可欠でしょう。

ラーニングカルチャー――持続的な学習を促す組織文化の形成

先述のようにゲイリー・ヴェイナチャックは、２０１７年に香港で開催されたスタートアップカンファレンス「ＲＩＳＥ」に登壇し、チーム内の信頼関係がスピードに与える影響についてセッションを行いました。

あなたたちの会社やサービスのスピードを上げるのに最も重要な要素は組織内カルチャーだ。

会社が速く進むのに一番大切なのは、「継続性」と「社内政治がないこと」だから。

これはすなわち我々はＥＱこそが最重要能力となる時代に入ったということだ。

技術的なスキルは日進月歩で進み、いつの日にかコモディティとなる。

だからこそ人と接する際の感情的能力が、これからとても貴重な特性になるんだ。*

出所：「RISE CONFERENCE GARY VAYNERCHUK KEYNOTE| HONG KONG 2017」

*筆者訳

組織の成長スピードを高めていくための重要なカルチャーについて明確に言及されていて、とても印象に残っているものです。ＡＩがこの先、人間のＩＱやスキルを代替していくことを考えると、人間が人間と仕事をするうえで最も重要な摩擦は、感情的なハレーションだと言えます。

合理的には正しいものの、感情的に納得できないので前に進めない。ＤＸにおいてそんなシーンを何度も見てきた私からすると、**EQの重要性が高まっていくという示唆は慧眼だと考えさせられました。**

これからＡＩが業務プロセスを置き換えていく際に重要な考え方として、ＡＩに置き換えが難しいことは何か、ということを考えていく方法論があります。それ以外の業務のほぼすべては置き換え可能であることを前提に業務プロセスを組み直すことが重要になってきます。

生き残る者は誰か

さて、これらの流れについてお話ししてきましたが、やはりこれからのビジネスにおけるモデルケースを作っていく必要があります。具体的にどんなモデルケースを経営の視点として考えればよいのでしょうか？

ビジネスよりも先にＡＩが普及した業界に私はヒントがあると考えています。その代表例が藤井聡太八冠です。将棋の世界はビジネスの世界の10年以上前にＡＩが人間を下しています。２０１７年5月20日、将棋界の最高峰・佐藤天彦名人が人工知能ＡＩと対決、9時間の激戦の末に敗北を喫しました。人間がＡＩに負けた日と言われています。

果たしてこの日から将棋はつまらないゲームになってしまったのでしょうか。全くそんなことはありませんね。むしろＡＩによって打ち手を学ぶ藤井聡太のような新しい棋士が出て世界を大きく変えました。さらに、打ち手を打つごとにＡＩに勝率が可視化されて、素人でも将棋を見て楽しめるようになり、「観る将」という観戦を楽しみにするライト層が広がりました。

AIに人が勝てなくなったからといって衰退したわけではなく、むしろそれをいち早く取り込んだスタープレイヤーが誕生し、その技術を取り込んでさらにファン層を広げる結果となっているわけです。

まさにこれが今後、ビジネス界が取り組まないといけないことではないか、と私は考えているのです。ダーウィンは、生き残る種は必ずしも強い種ではなく、環境に適応したものが生き残る適者生存を唱えました。**生成AIを前提にした事業、組織、経営に変化をしていきながら、新しいスターを生み出し、AIドリブン経営への変革を戦略的に進められるかどうかが非常に重要になってくると言えます。**

「いかに早く自社に藤井聡太を生み出せるか？」は、これからの組織や人材育成を考えていく際、のキーワードだと考えています。

アニマルスピリッツを忘れるな

ここまで、AIがもたらすルールの変化に始まり、事業や組織、人の動かし方までAIを中心に経営を考えていく「AIドリブン経営」をいかに実践するか、について考えてきました。

最後に、私がＡＩをどのように捉えているのか？　ということについてお伝えします。みなさんが考えを深めていく際のヒントになれば幸いです。

冒頭からお伝えしてきましたが、チャットＧＰＴは圧倒的にこれまでのイノベーションと違う凄さを持っていると感じました。単なる「次の言葉予測計算機」が知性を持っているように見えるところまできているのを実際に触り、その進化のスピードも含め、未来から「ドラえもん」がやってきたほどのインパクトでした。

歴史に置き換えて考えてみると戦国時代の１５４３年に、種子島の南端門倉岬前之浜海岸（現在の鹿児島県南種子町）に漂着した中国船に乗っていたポルトガル人から、鉄砲（火縄銃）が初めて日本に伝えられた鉄砲伝来に近いインパクトではないか、と私は考えています。

それまでの武器と比べても、圧倒的な未来、オーバーテクノロジーだったことが容易に想像できます。**実際、当時の資料の中には、こんなに雨が降ったら使えないとか、当たらないとか、馬がびっくりするので使えないとか、とにかく新しい武器だったので否定的な意見を言う専門家も多かったようです。**

そんな中で、その有用性を見つけ、製造から、必要な火薬の調達、運用方法から使う人の訓練まで、統合的に考えて、戦のルールを変えたのが織田信長でした。**信長は鉄砲を発明したわけではないですし、おそらく専門家でもなかったところがポイントです。鉄砲という新しいイノベーションのユースケースを考えて、自分たちの競争にどうやってうまく取り込むかを考えて実践した人でしょう。**

そして、鉄砲については素人だったはずの人間が、柔軟な発想と実行力で実現し、それによって競争を圧倒的に有利に進めた……。歴史の教科書に載っている誰もが知っている話です。

今まさに生成ＡＩの台頭は鉄砲伝来と同じ状況と言えるはずです。しかも、日本だけでなく世界中で同時に、この未来のテクノロジーが現れた。これをどう使うかは自分たち次第です。そう考えるとワクワクしてきませんか？

この新しいテクノロジーによって、どのように自分の戦いを変えるのか、自分の軍を変えていくのか……。**織田信長の目線に立って、ルールが変わる瞬間を自ら起こしていく、そんなアニマルスピリッツが求められています。**

エピローグ

いかがだったでしょうか？　私がチャットＧＰＴに出合ってからすぐに使い倒した結果、「これから経営の中心をＡＩに置いていく必要がある」と考えるに至ったことの背景をお伝えできたのではないかと思います。現役の経営者として、ＤＸの実践者として、１人の消費者とビジネスパーソンとして、ＡＩを使う中で、少しずつ実験と実践を繰り返しながら、経営者としてどう事業・組織を考えていけばいいのか、どうやって人を動かしていくのか、について考え続けてきました。

「現代の鉄砲伝来をどう活かしていくのか」によって、我々の未来は大きく変わります。後世の歴史の教科書は間違いなく、この生成ＡＩを歴史を変えたイノベーションとして伝えることになるでしょう。15～16世紀の欧州における火薬・羅針盤・活版印刷という三大発明や、18世紀後半の英国から始まった紡績機・蒸気機関・鉄道や蒸気船の登場による産業革命、そして20世紀後半に始まる、コンピューター・インターネット・スマホ……。

そして今回の生成ＡＩという一連の情報革命が、人類の歴史上の大きなトピックスとして取り上げられるはずです。生成ＡＩ以前と生成ＡＩ以後で大きく市場のルールが変わったと書き記されるでしょう。

そう考えるとワクワクしてきませんか？

今、私たちは、歴史の大きなうねりの中に立っているのです。そして、ルールが書き替わる瞬間は常にチャンスが誰にでも与えられていることは歴史が証明しています。これまでの既得権益や覇者が必ずしも勝てるわけではないということです。何せ、世界中でルールそのものが書き替わるのですから。

こんな大変革が到来しようとしている瞬間にどんな毎日を過ごすのか。仕事人生の中で、そう何度も来ないビッグウェーブだと思いませんか？

誰よりも早く先を見通して、面白いことをしたくなりませんか？

もちろん私にも不安はあります。そんな不安な時に思い出すのが、「世界は落下している」という言葉です。

もう15年以上前の話です。私が前職で勤めていたリクルートでＧＭ（ゼネラルマネージャー）という課長職になって半年くらいした時のことです。

組織が変わり、すべての商品企画組織を担当することになり、別の商品チームが加わったタイミングでした。前任の組織で設計されていた事業計画はどう見積もっても達成できそうになかったのです。

このままいくと、組織全員が達成できないという状況に追い込まれていました。これは困ったなと思い、現在リクルートの代表取締役ＣＥＯをされている出木場久征さん（当時は部長職くらいでした）に相談しに行ったことがありました。

「出木場さん、新しい組織の目標が始まった瞬間から達成できる気がしません」

「それはＧＭの責任だよ。メンバーに目標達成させることもＧＭの責任だよ」と一蹴されました。

「前任の計画がどうのこうのとか、しょぼいこと言ってんじゃねーよ。新しい事業つくってんだろ？　成長しないでどうすんだ？」と僕が弱音を吐こうとしているところを察したように、先手を打たれてしまいました。ぐうの音も出ないまま、黙っていると出木場さんが今でも忘れられない話をしてくれました。

「まあ、色々あると思うんだけどさ、最近気づいたことがあるんだよ」

「なんですか？」

「世界は、落下してるんだ」

「??」

「本来あるべき方向に向かって、世界は凄い勢いで落下してるんだ」

「はあ」

「いろんな既得権益を持った人たちが抵抗勢力になって邪魔するんだけど、それは重力に逆らうようなもので、あんまり意味ないんだよ。だって世界が落っこちていくスピードの方が圧倒的に早いんだから」

「なるほど」

「だからさ、その落下する方向を俺たちは見定めて先に落下してくべきなんだよ」

「ほう」

「だってどうせ落下してくんだからさ。先に向かった方が絶対いいんだよ」

「なるほど……」

「俺たちがやらなくたって誰かがやるぜ。だって、そもそも世界は落下してるんだから」

この時、出木場さんが言いたかったことは、小さなことを気にするよりも、もっと事業を本質的に進める方向を見定めろ、ということだと思うのですが、私はこの言葉に救われました。新規事業なのに目先の計画にとらわれて、それで達成できなければ全部おしまい……みたいな顔をしていたのでしょう。
計画を達成できないというのは、そもそも格好悪いことなのですが、もっとイマイチなのは、どうやって実現するのか考えを尽くしていないことなのだと気づかされました。同時に、僕は計画を達成させたいがために、計画の方を修正しようと内心思っていたことを恥じました。

自分の中に重力に逆らう抵抗勢力をつくるのと同じだぞ、と言われたような気がしたのです。見るべきものは、逆だ。あるべき方向をきちんと見定めていれば、絶対に成長をする。人より早く落下できるんだから、と。

新しいことをやろうとするとさまざまな抵抗勢力に出会います。しかし、一番怖いのは自分が気づかないうちに、その中に取り込まれてしまうことだとその時気づきました。
「皆、色々なことを言うけれど、どうせ世界は落下しているから、時間の問題だよ。むしろ、自分が染まらないように気をつけろ！」。ある意味、超楽観的なこの言葉に何度救われたかわかりません。

「世界は落下している」

こう考えると、もう生成ＡＩ登場前には戻りませんよね。むしろ、それがある前提で世界は進んでいくとするのであれば、どうやって落下していく方向を見定めていくかを考え、行動し、一足先にそっちの世界に行ってみたいと思いませんか？

本書を読んでいただいた読者の方が、明るくポジティブにこの変化の時代を楽しむことを願って。

須藤　憲司

須藤 憲司 Kenji Sudo

株式会社 Kaizen Platform 代表取締役

2003年に早稲田大学を卒業後、リクルートに入社。同社のマーケティング部門、新規事業開発部門を経て、リクルートマーケティングパートナーズ執行役員として活躍。その後、2013年に Kaizen Platform を米国で創業。現在は日米２拠点で事業を展開。デジタルマーケティングとIT開発で企業の顧客体験DX を支援するソリューションを提供。著書に『ハック思考〜最短最速で世界が変わる方法論〜』（NewsPicks Book）、『90日で成果をだす DX（デジタルトランスフォーメーション）入門』『総務部 DX課 岬ましろ』（いずれも日本経済新聞出版）。

本文中の QR コードの情報は次の各 URL からも参照可能です。

P3　https://www.notion.so/sudoken/AI-c9af4a903b87428b86b798c079bcf8c3?pvs=4

P184　https://kaizenplatform.com/lp/ai-training

AIドリブン経営

人を活かしてDXを加速する

2024年4月17日　1版1刷

著者	須藤憲司
	©Kaizen Platform, 2024
発行者	中川ヒロミ
発行	株式会社日経BP
	日本経済新聞出版
発売	株式会社日経BP マーケティング
	〒105-8308　東京都港区虎ノ門4-3-12
ブックデザイン	TYPEFACE(渡邊民人、森岡菜々)
編集協力	篠原舞、雨宮百子
組版	株式会社キャップス
印刷・製本	三松堂印刷株式会社

ISBN978-4-296-11994-3
本書の無断複写・複製(コピー等)は著作権法上の例外を除き、禁じられています。
購入者以外の第三者による電子データ化および電子書籍化は、
私的使用を含め一切認められておりません。本書籍に関するお問い合わせ,ご連絡は下記にて承ります。
https://nkbp.jp/booksQA
Printed in Japan